현대신서
158

철학의 기원에 관하여

카트린 콜로베르

김정란 옮김

東文選

철학의 기원에 관하여

Catherine Collobert
Aux Origines de la philosophie

© Le Pommier-Fayard, 1999

This edition was published by arrangement
with Librairie Arthème Fayard, Paris
through Bestun Korea Agency, Seoul

차 례

서 론 —— 7

Ⅰ. 자연의 발견: 밀레토스학파 —— 11
　명명하기, 그리고 알기 —— 11
　자연 관찰 —— 14
　무한(無限, APEIRON), 모든 존재의 원리 —— 16
　모든 존재의 원리, 공기 —— 23

Ⅱ. 비평의 발견: 크세노파네스 —— 27
　회의주의적 방법 또는 앎에 대한 비평 —— 27
　회의주의적 방법과 우리 지식의 상대성 —— 32
　신인동형론의 비판 —— 33
　가치의 비판 —— 37

Ⅲ. 수(數)의 발견: 피타고라스학파 —— 41
　수(數)를 통한 지식 —— 42
　무제한과 한정자(限定者): 존재론적 영역 —— 43
　조 화 —— 48
　조화와 음악 —— 50
　우주론 —— 52
　피타고라스의 인생 —— 53

Ⅳ. 대립의 발견: 헤라클레이토스 —— 57
　듣기, 말하기, 그리고 생각하기 —— 57
　대 립 —— 58
　분리와 결합 —— 60
　조 화 —— 62

갈등: 만물의 왕이며 아버지 ------ 63
　　다툼은 정의이다 ------ 64
　　만물의 운영 ------ 67

Ⅴ. 존재의 발견: 엘레아학파 ------ 75
　　존재로의 접근: 길 ------ 76
　　현존의 표현들 ------ 79
　　존재, 진리, 그리고 개연성 ------ 83
　　제기된 복수성과 운동 ------ 86
　　운동과 장소 ------ 90
　　운동과 시간 ------ 92

Ⅵ. 지성의 발견: 아낙사고라스 ------ 97
　　우주 혼합 ------ 97
　　되기: 분리, 그리고 구성 ------ 99
　　지성, 그리고 세상의 질서 ------ 108
　　인간의 지식 ------ 112

Ⅶ. 힘의 발견: 엠페도클레스 ------ 115
　　순환적 되기 ------ 116
　　이중 우주 진화론 ------ 121
　　귀신 연구와 지혜 ------ 129

Ⅷ. 원자의 발견: 아브데라학파 ------ 133
　　존재와 비존재의 물리학 ------ 134
　　우연과 필요성 ------ 140
　　지식 또는 이성 탐구 ------ 144
　　영혼의 평온함과 현인의 기쁨 ------ 148

　　결 론 ------ 151

　　참고 문헌 / 어휘 설명 / 색인 ------ 154

서 론

존재하는 만물(萬物)의 기원에 대한 주요 문제에 답하려는 담론에서 신들이 멀어졌을 때 철학이 탄생하였다. 그러나 철학이 무(無)에서 생겨난 것은 아니다.

호메로스나 헤시오도스는 물론 철학자는 아니다. 그러나 그들은 그들 방식으로 이 질문에 대답하였다. 호메로스에 따르면, 세상과 거리를 두는 신(神) 오세안(대서양)으로부터 만물이 유래한다. 그는 '모든 존재의 근원'이다.[1] 지칠 줄 모르는 생산력(生産力)은 생명의 끝없는 재생(再生)을 보장한다. 헤시오도스 그는 처음에 있었던 것, 시작을 노래한다. 《신통기(神統記)》에서, 그는 후에 세상 또는 '코스모스'라는 이름을 갖게 될 사물의 질서에 대한 점진적 구성의 시적 표현인 신들의 세대 계승을 설명한다. 신(神)이 세상의 형성과 세상 자체에 더 이상 어떤 역할을 담당하지는 않지만, 그의 이름은 계속해서 등장하였고, 그의 존재 또한 계속해서 확인되었다. 아리스토텔레스의 증언에 따르면, 탈레스는 "만물에 신

---

1) 호메로스, 《일리아드》, 14, 246.

이 가득하다"[2]라고 말했으며, 초기의 많은 철학자들은 신(神)을 세상의 설명 원리로 생각한다. 이 속성은 물론 불멸성(不滅性)을 의미하지만, 또한 완전함이라는 그리고 신성(神性)이라는 사고를 내포하고 있다.

'원리'는 있는, 그리고 되는 모든 것의 질서 법칙을 설명한다: 그것은 하나의 설명 원리이다. 그러나 그것은 또한 존재 원리이기도 하다. 즉 생명이 생성되고, 세상에 존재하는 출발점이다. 이런 차원에서 유일하거나 여럿인 이 원리는 항상 존재할 것을 보장받는다. 실제로 그 소멸은 세상 자체의 소멸을 의미할 것이다. 점진적인 질서 확립의 결과이든 아니면 항상 그것이 본질적으로 그러하였든, 단지 알 수 없고 불가능하기 때문에 세상이 무원리(無原理)는 아니다.

이해와 설명의 원리들을 발견하면서, 다시 말해 그것을 밝히면서 철학은 진리의 연구로서 정립된다. 고대 그리스어로 진리는 **알레테이아**(alètheia)라 일컬어진다. 어원을 따져 보면 참인 것(alèthès)은 '숨기지 않는 것'이다. 진실을 말하는 것은 드러냄의 작업이며, 이 작업에서 '드러내다'는 '현실화하다' '소개하다' '존재로 이끌다'라는 의미이다. 만약 현실이 가려져 있다면, 그것은 그 원리들이 즉각적으로 보이지 않으며 파악할 수 없기 때문이다. 드러낸다는 것은 보이지 않는 것을 보이게, 알려지지 않은 것을 알도록 변화시키는 것이다. 철학은 이때 포괄적이고 보편적인 시선으로 현실을 바라

---

2) 아리스토텔레스, 《영혼에 관하여》, I, 5, 411a.

보게 하는 **메디아**(media)이다.

풍요로움과 복잡함에 의해 현실은 가지각색으로 표현된다. 게다가 사유(思惟)는 사유하도록 제공된 것의 풍부함을 포괄할 수 있어야 한다. 그래서 사유는 현실의 의미 변화를 이해하는 방법들을 제시해야 한다. 이 변화는 불가피한 유동성(流動性)의 반영이며, 본질적으로 일시적인 현실의 결과일 뿐이다. 그래서 철학은 살아 있는 사유이다. 항구적인 '되기'에서, 사유는 하나의 어휘로 고정될 수 없다. 왜냐하면 모든 정지(停止)는 죽음을 의미하기 때문이다. 그 결과 철학의 본질 속에 정지는 복수(複數)가 되는 것이다. 사유는 바로 이 복수성으로 먹고 살고, 바로 그것으로 생존한다.

그러나 만약 진리와 앎이 분리될 수 없다면, 여기서 문제가 되는 앎은 사실을 모으고 수집하는 축적의 앎이 아니다. 안다는 것은 무엇보다 우선 이해하는 것이고, 숙고(熟考)하는 것이다. 고대 그리스어로 그것을 표현하는 단어는 **에피스타마이**(épistamai)이다. 사유와 분리할 수 없는 이 앎은 철학적 앎이다.

철학이 밀레토스학파에게 '자연'을, 크세노파네스에게 '비평'을, 피타고라스학파에게 '수(數)'를, 헤라클레이토스에게 '대립'을, 파르메니데스에게 '존재'를, 아낙사고라스에게 '지성'을, 엠페도클레스에게 '힘'을, 데모크리토스에게 '원자'를 생각하게 하지만, 매번 철학은 새로운 발견을 이끌어 낸다. 그것은 본질적인 의미로 사고하게 하는 것과 다른 하나의 관점이나 여러 관점들을 드러낸다. 왜냐하면 단편적이고 세분화되거나, 또는 분열된 시각(視覺)에 관한 문제가 아니기 때문이다. 철학은 처음부터 사유 운동 그 자체의 표시인, 이런 관점의 자유 속에서 전개된다.

I
자연의 발견: 밀레토스학파

기원전 7세기초에, 바로 이오니아 해안의 번창한 도시 밀레토스에서 철학이 탄생하였고, 후에 '밀레토스학파'라 불리게 된 운동이 발달한 곳이 바로 이곳이다. 고대 그리스에서 '학교'는 교육과 연구의 장소이며, 그곳에서 스승은 제자들이나 협력자들에게 둘러싸이고, 그 가운데 어떤 이들은 때때로 상당한 변화를 가하면서 자신의 작품을 발전시켰다.

명명하기, 그리고 알기

밀레토스학파와 함께 세상, 신들 및 그들의 행동에 대한 다양한, 그리고 전통적인 표현을 대체할 만한 새로운 담론(談論)이 출현한다. 밀레토스학파와 함께 신화(神話)는 앎을 찾고, 그에 이르는 기능을 상실한다. 신의 권능은 문제의 해결과 표명(表明)에서 단절을 이끌어 낸 개념들에게 자리를 내어준다. 문제 제기된 부분(기원과 되기: génésis)이 변하지 않은 반면, 이해에 대한 새로운 의지가 표출된다. 이는 확인의 요구와 불가분의 관계인 것처럼 보인다. 이해한다는 것은 사물들이 서로 지탱하고 그것들이 서로 작용하는 방식을 아는 것이다. 이런 상호 작용의 이해는 사물들과 모든 것, 그리고 그것들의 주요 동인(動因)의 조직된 전체의 기능을 밝힌다는 것을 전제한다. 아낙시만드로스가 처음 명명한 '코스모스'는 사물들의 합체, 전체-고려(考慮) 속에 이해된다. 이 전체-존재 또는 전체-고려는 분열이 아니라 합치가 존재한다는 예감을 포함한다.

니체가 《그리스 비극 시대의 철학의 탄생》[1]에서 확언한 것처럼 '만물은 하나이다'는 분명 탈레스의 근본적인 직감이다. 이 직감은 확실히 이미 질서, 정돈, 즉 **코스모스**라는 생각을 전제한다.

사물의 전체-고려는 정확히 자연의 산물들에서 보이는 질서이다. 어쨌든 질서가 이루어지는 방식, 모여지는 것, 그리고 그것이 모이는 방법은 숨겨져 있다. 즉시 보여지는 것은 현실의 모든 것은 아니다. 보이는 것, 보여지는 것은 태어나고 살며, 그리고 죽는 존재들의 다양성이다: 되는 것은 모든 사물의 중심에 등장한다. 그와는 반대로, 그것의 설명 요인은 우리의 즉각적인 관심에서 벗어난다. 왜냐하면 물이나 공기를 보는 것은 원리를 보는 것이 아니기 때문이다.

---

1) 프리드리히 니체, 《그리스 비극 시대의 철학의 탄생》, G. 비앙키의 프랑스어 번역판, 파리, 갈리마르, coll. ⟨Idées⟩, 1935, p.35.

원리 그 자체는 보이지 않는다: 그것은 생각된다. 보이는 것의 명료함은 보이지 않음에 존재한다. 그래서 보이지 않음이 신학적 특색을 상실하긴 하지만, 그것은 또한 계속 기원의 질문에 답하는 그것 자체이기도 하다.

어떻게 만물이 생성되는 것일까? 그리고 어떻게 그것들은 함께 결합되는가? 바로 이 두 가지 주된 질문이 밀레토스학파가 **피시스(PHUSIS)** 또는 자연이라는 기본 개념의 지평 아래 답하려는 것이다.

피시스가 범위(그것이 전체 자연 존재이기 때문에)인 동시에 활동 원인(왜냐하면 **피시스**는 어원에 따르면 우선 태어나게 하는 행위를 의미하기 때문이다)이 되는 다양한 변화, 내부의 고유한 과정을 찾아내는 것, 바로 이것이 밀레토스학파의 주된 관심이다.

이에 대한 해답은 우선 명명(命名)의 행위로, 즉 이름의 다른 활용으로 시작된다. 왜냐하면 명하는 것은 앎이 아니지만, 적어도 이름은 앎의 근본적인 한 요인이기 때문이다. 만물의 근원으로, 호메로스처럼 오세안을, 탈레스처럼 물을 부여하는 것은 단순한 이름의 대체가 아니다. 오세안에서 물이라는 이름으로의 전이(轉移)에 무엇인가 결정적인 것이 작용한다.

오세안과 물이 명백히 동일한 현실을 포괄하더라도, 신이 아니라 자연의 어떤 것에 의한 근원의 명명은 일반화로의 일보(一步)이다. 왜냐하면 그것은 더 이상 신이 아니며, 물에 관찰 가능한 변형이 이루어질 수 있기 때문이다. 오세안이라는 이름 대신에 물이라는 이름의 사용은 관찰에 근거한 지식으로 전통의 계승에 근거한 지식을 대체하는 것이다.

자연 관찰

관찰 가능하다고 어떤 것을 정하기로 합의한 순간부터만이 관찰은 그 역할을 할 수 있다. 이 가능성은 전통적인 신들을 버리는 조건이 된다. 그러므로 그것은 결정, **크라이시스**(krisis)를 전제한다. 이 결정은 어쨌든 임의적이어서는 안 된다. 다시 말해 그것은 관습, 전통, 또는 풍속의 결과이어야 한다. 관찰된 것은 어떤 어떤 그룹의 특정주의를 탈피해야 하며, 모든 사람에게 연구될 수 있어야 한다. 그러기 위해서 그것은 모두가 합의할 수 있는 현실, 관찰 가능하고 존재할 가치가 있는 현실을 포함해야 한다. 이 현실은 자연이다. "탈레스는 자연에 대한 연구를 그리스 사람들에게 보여 준 첫번째 사람으로 소개된다"[2]라고 《아리스토텔레스의 자연학에 대한 주해》에서 심플리키우스는 말한다.

그러나 관찰은 과대평가되어서는 안 된다. 말하자면 관찰 방법은 존재하지 않기 때문이다. 무엇보다 그것은 태도이며, 다른 것으로부터 이해되는 요구, 정당화의 요구이다. 이는 보이는 범위를 벗어나는, 근원을 알 수 없는 것을 말하기 위

---

2) 심플리키우스, 《아리스토텔레스의 자연학에 대한 주해》, 23, 29.

한 기호나 지표를 보이는 것에서 찾는 것이다. 방법은 원초적이고 먼 과거를 찾아내기 위해 현재에서 무관심해지는 것을 원하지 않는다. 근원은 현재 경험에서 발견된다. 그래서 관찰 가능한 자료들의 한 요인, 더 나아가 앎의 조건이 된다.

《테아이테토스》에서, 플라톤은 탈레스와 관찰의 요구와의 연관성을 불멸화했다. 그는 탈레스가 천체를 관찰하다가 우물에 빠졌다고 전한다. 옆에 있던 한 하녀가 자신의 발치 앞도 못 보면서, 하늘의 일들을 알고자 하는 그의 열정을 비웃었다고 한다.

우리에게 세 가지 탈레스의 가설이 남아 있는데, 일반적으로 우리는 그것의 진위(眞僞)를 인정하는 것이 아니라——왜냐하면 그는 아무것도 저술하지 않았기 때문이다——그의 사유(思惟)의 가능한 요소들을 알고자 한다. 첫번째는 아리스토텔레스가 《형이상학》에서 밝힌 것처럼 모든 것이 물에서 나온다는 것이다. 아리스토텔레스에 따르면 그것은 대지가 수면(水面) 위에 떠 있다는 결론, 즉 두번째 주장에 이른다. 자석은 철을 움직이게 한다. 게다가 이런 능력을 갖는 모든 것에 영혼이 있다. 그러므로 자석에 영혼이 있다: 세번째 주장. 이런 추론은 아리스토텔레스가 《영혼에 관하여》에서 우리에게 알려 준다. 물론 탈레스 자신이 어떻게 했는지 아는 것은 불가능하다. 탈레스의 원래 생각이 어떤 것이든——우리는 그것에 대해 거의 아는 바가 없다——그의 주장과 그것의 표현 양식은 오래 계속될 것이며, 새로운 연구를 이끌어 낼 것이다.

무한(無限, APEIRON), 모든 존재의 원리

아르케(arché; 원리)라는 용어의 사용은 탈레스의 계승자인 아낙시만드로스(기원전 610-기원전 540)로부터 시작된다. **아르케**는 고대 그리스어로 시작, 출발점, 그리고 정부, 명령을 의미한다. 그러므로 그것이 존재들의 출발점이고, 존재들을 지배한다는 의미에서 첫째이다. 한 존재의 처음에 있는 것은, 그것이 무엇이든 지배한다. 즉 그것의 성장과 그 기간을 조건 짓는다. 원리로부터 존재들이 자신의 실존을 확보한다. 그러나 그들의 본질, 그들의 **피시스**, 즉 그들을 나름대로 정의하는 그것을 확보하는 것 또한 원리이다. 어떤 존재의 본질은 이 존재의 구조, 즉 그가 만들어진 바로 그것이다; 그것은 그것이 구성된 다른 원소들의 조직이다. 아낙시만드로스에게 왜 원리는 무한이며, 그것의 의미는 무엇인가?

우선 **아페이론**이 긍정적인 용어가 아니라는 점을 주지하자. 그것은 **페라스**(péras), 즉 한계 또는 규정의 상실을 의미한다. 그것은 일시적인 무한이다: 불멸이며, 그리고 파괴할 수 없는 그것은 또한 늙음의 부재이다.

존재를 생산한 그것은 필연적으로 끝이 없으며, 되기에서 벗어난다. 그렇지 않으면 전체 존재들은 사라질 것이고, 모든 것은 완전한 무(無)로 귀착될 것이다. 이는 가능하지 않다. 왜냐하면 되기는 끝이 없기 때문이다. 그래서 존재의 근원은 **아페이론**이라는 그 이름 자체로, 고갈될 수 없는 무궁무진한 특성의 표시이다. 이렇게 하여 셀 수 없이 많은 세상이 존재하는 무한한 연속적 하늘이 탄생할 수 있게 된다. 끊임없이 태어나고 죽는 세상의 무한수(無限數)를 포함한 모든 하늘은 공간에서 결과적으로 무한하다. 그러나 시간에서는 그렇지 않다. 왜냐하면 모든 존재는 일시적이기 때문이다. 시간의 법칙은, 태어난 모든 것은 성장하고 죽는다는 것이다. 생성된 모든 존재들에게처럼 하늘과 지구도 마찬가지이다.

아낙시만드로스에 따르면, 지구는 그 중심에 휴지(休止)중인 대지를 포함한다. 이 대지는 깊이가 넓이보다 3배가 더 큰 원통 모양이다. 하늘의 꼭대기에는 태양이 있고, 그 밑에 달, 그리고 그 아래에 별들과 행성들이 있다. 모든 구성 요소들은 각각 생성된 세상이라는 질서를 이끌어 내기 위해 다른 것들에 맞춰 정리된다.

대립(더위-추위, 마름-젖음 등)은 불명확함이라는 **아페이론**에서부터 간접적으로 기인한다. 영원한 운동은 **아페이론**에서 유래한 동요(童謠) 또는 충동이다. 이 원초적이고 끊임없는 충동은 대립의 소외와 분리를 야기하고, 그로 인해 세상과 하늘의 탄생이 이루어진다.

대립의 생산력은, 영원한 원리 **아페이론**에서 기인한 씨 또는 종자를 의미하는 그리스 용어 **고니몬**(gonimon)으로 번역된다. 더위와 추위의 종자는 세상의 탄생을 목적으로 분리된다. 이에 대한 이중의 과정 묘사가 있다: 1) **아페이론**은 그 자체도 **아페이론**에서 발생된 영원한 충동의 결과로 추위와 더위의 종자가 생성된다. 2) 이 종자는 세상을 탄생시키기 위해

I. 자연의 발견: 밀레토스학파 17

분리된다.

아페이론은 부정 또는 불한정이다. 그래서 그것은 모든 결정의 근원이 된다. 대립을 포함하고 있는 것은 **아페이론**이 아니지만, 종자가 그것에서 기인한다. 그러므로 **아페이론**은 본래의 혼란 또는 최초의 물질인 혼합(migma)이 아니다. 왜냐하면 한편으로 이 **미그마**가 공간적으로 그리고 시간적으로 그것에서 유래한 하늘들과 공존해야 하고, 다른 한편으로 그것은 조직되고 정리된 전체(하늘들과 세상들)의 근본 원리이어야 하기 때문이다. **아페이론**은 구별되거나 식별할 수 없는 물질이 아니라, 구별과 식별의 부재이다. 분리의 다른 이름들인 식별과 차이가 돌출하는 것은 끊임없는 충동에 의해서이다. 분리하는 것은 운동이고, 분리되는 것은 **아페이론**에서 기인된 종자이다. **아페이론**은 식별되거나 구별되는 것을 포함하지 않는다. **아페이론**은 원천이지 저장소가 아니다.

아낙시만드로스가 원리를 규명하기 위해 부정적인 길을 택했다면, 그것은 비자아를 존재시키기 때문이다. 원리로서 **아페이론**은 이미 자신에게 존재하는 것을 탄생시킬 수 없다. 한정되고 끝난 것은 한계에서 유래될 수 없고, 이 한계는 그 자신이 되기 위해 생성되어야 한다. 그래서 원리가 끝나고 한정된다면, 이 끝남이 어디서 유래한 것인지, 이 한계가 어디서 유래한 것인지 설명할 수 있어야 한다. 그러므로 다른 원리로 다시 거슬러 올라갈 필요가 있다. 그 결과 원리는 필연적으로 첫번째이다. 그것은 거슬러 올라갈 수 없는 최후의 설명이다. **아페이론**이라는 원리는 존재들이 왜 그것들인지 설명해 준다. 그것은 존재들이 어디에서 유래한 것인가? 또는 무엇이 그것들을 존재하게 했는가?라는 질문에 답한다. 우리에게 남은 아낙시만드로스의 단 하나의 단편에서 문제가 되는 것은 바로 기원이다.

"존재들을 생성하는 출발점은 '필요'에 따라 자체에 파괴가 일어나는 그것이다; 왜냐하면 시간의 질서에 따라 그것들은 그것들의 불의로 정의와 보수가 되기 때문이다."[3]

존재가 탄생하는 그것은 그것이 끝나는 것과 같다. 모든 존재는 그것이 유래한 것으로 되돌아간다. 다시 말해 아낙시만드로스에 따르면, 무한으로 돌아가는 것이다. 삶과 죽음은 필요에 따라 출발점과 종착점의 합류와 일치 속으로 침투한다. 이 일치는 삶과 죽음의 원리 **아페이론**이라는 이름을 갖는다. 출생하는 것, 그것은 죽음으로 가는 것이다; 왜냐하면 탄생은 유한성을 의미하기 때문이다. 유한성으로 들어가는 것과 **아페이론**이라는 이 무한성으로 되돌아오는 것은 살고 있는 모든 생명의 순환 경로이다. 존재들(하늘들, 세상들, 동물들, 식물들, 광물들)은 끊임없는 되기 속에 잠기게 된다. 왜냐하면 태어나기와 죽기는 항구적인 생성이 필요하기 때문이다. 그리고 그것은 원리라는 동일한 이름으로 되기의 원천이다.

이 필요는 증명할 수 없다. 왜냐하면 증명해야 하는 것, 다

---

[3] *Ibid.*, 24, 17-18.

시 말해 원인을 설명해야 하는 것은 바로 되기가 유래한 그 원리 자체이기 때문이다. 죽음을 설명하는 것은 또한 삶을 설명하는 것이고, 그 결과 그것들의 근본적인 연대가 나타난다: 하나는 다른 것 없이는 존재할 수 없다. 왜냐하면 하나는 다른 것을 의미하기 때문이다.

증명하는 것은 "왜 그것(삶과 죽음)이 존재하는가?" 또는 "그것의 지난 '이유'는 무엇인가?"라는 질문에 대답하는 것이다. 게다가 이 질문은 그리스의 것이 아니다. 왜냐하면 이 의문은 그리스인에게 생각할 수 없는, 창조(ex-nibilo)의 개념과 무(無)와 부딪히기 때문이다.

삶과 죽음의 우주적인 연대와 모든 존재의 현실에 대한 설명——동일한 두 가지 무한들 사이의 유한——은 존재들이 서로 그들의 부당함으로 정당화되고 인정됨을 확인하면서 전개된다. 여기에서 현존의 구성원처럼 등장하는 부당함은 어디에 있는 것인가?

부당함은 존재의 중심에 있다. 왜냐하면 존재는 다른 존재의 죽음으로 살고, 그 속에서 존재들은 서로에게 잘못을 야기하기 때문이다. 물의 죽음은 공기의 탄생이고, 한 세대 인간의 죽음은 다른 한 세대의 탄생이며, 밤의 끝은 낮의 탄생이고, 하늘의 끝은 다른 하늘의 탄생이다. 끊임없는 되기는 끝없는 이어짐과 변화를 동시에 의미한다. 존재들은 그들의 상호 작용이라는 명목하에 서로 희생하며 살아간다. 왜냐하면 조직된 전체 속에, 그것들은 함께 독립적이지 않고 연대하기 때문이다. 쇠퇴와 소멸은 성장과 출생이 그런 것처럼 피할 수 없다. 왜냐하면 산다는 것은 시간에 종속됨을 의미하기 때문이다.

시간은 각자에게 삶의 찰나적인 부분을, 존재에게 일시적인 참여를 부여하며, 생성과 소멸의 정확한 균형을 유지하는 순간이다.

바로 시간의 위력 아래 존재들이 정당화되고 인정된다. 왜냐하면 시간은 다양한 변화와 연속을 주관하기 때문이다. 시간의 질서는 연속의 법칙이다, 이 법은 모두에게 덧없음을 의미한다. 왜냐하면 다른 것(부당함)의 희생으로 탄생한 것은 다른 것을 위해(대가) 죽을 것이기 때문이다.

이렇게 하여 각각의 일시적 체류에 의해 발생한 부당함이 정당화되었다. 이 정의는 시간의 명령 앞에 무기력한 존재들과 상관없이 이루어진다. 그들은 그들이 죽어야 하는 시간적 조건을 벗어날 수 없다. 바로 이 불가능함 속에 정의가 존재한다.

우리 세상은 열기와 냉기의 분화와 분리로 구성된다. 모든 생명체와 마찬가지로 세상은 종자로부터 발달하였다. 그것의 형성은 다음과 같다: (나무 주위의 껍질처럼) '지구'를 둘러싸고 있는 공기 주변에 불꽃의 영역이 형성되며, 그것으로부터 '태양' '달' '별' 의 한정된 원(圓)이 분리되었다. 열기와 냉기는 풍요로운 대립체이다. 왜냐하면 그것들은 건조 현상을 설명할 수 있으며, 그 결과 습한 현상을 설명할 수 있기 때문이다. (건조가 있는 곳에 또한 습함이 있다.)

모든 되기 또는 모든 과정은 대립, 즉 한 대립체에서 다른 것으로의 변화와 전이를 필요로 한다. 세상의 기원 때, 지구를 지배하던 습기는 태양의 열기 때문에 점차적으로 사라졌다. 이렇게 남겨진 습기인 바다의 형성이 설명된다. 바람과 월식과 일식에 관해서 말하자면 그것들은 그 자체가 습기의 증발 결과인 공기의 생산물이다. 쇠퇴의 과정인 계속적이고 돌이킬 수 없는 건조의 과정이 있다. 그렇게 해서 세상들이 소멸된다.

습기는 또한 동물의 생활도 관장한다: 아에티우스에 따르면, 첫번째 동물들이 물속에서 태어났다. 그래서 대지에 번식한 동물들이 즉시 생성되지 않았다. 이렇듯 히폴리트에 의하면 인간은 물고기로부터, 플루타르코스에 따르면 물고기들 속에서, 또는 센소리누스에 따르면 다른 종류의 동물에서 태어났다. 아낙시만드로스가 해결하려 한 문제는 혼자서 자급자족할 수 없는 신생아의 적응이라는 문제인 것 같다——모든 종(種) 중에서 인간은 가장 불완전한 존재이다. 아낙시만드로스의 진화론은 종의 변형에 근거하고, 종은 적응하면서 점차적으로 변화해 간다. 적어도 인류에게는 그렇다.

생성 현상에 관한 두 가지 유용한 대립이 존재한다. 열기와 냉기의 대립에서 우리 세상이 발생되었고, 습기와 건조에서 모든 존재들이 생겨났다. 이는 냉기와 열기의 원래 대립은 우리 세상의 초기에, 그 자체에 모든 대립을 잉태하였음을 의미한다. 아낙시만드로스는 끊임없는 되기와 그것의 떨어질 수 없는 동맹자 유한의 원천, 즉 **아페이론**으로 밝혀지고 드러난 유일한 원리의 도움을 받아 다양성과 다채로움을 인식하려 하였다.

모든 존재의 원리, 공기

(기원전 546년에 '번창하였다'라고 전해지는) 아낙시메네스는 공기를 원리로 제시하면서, 생성과 소멸의 끊임없는 유희나 되기와 유한의 결합과 다른 이해를 제공했다. 모든 결정의 부재에, 물질적인 결정이 이어진다. 그러나 그는 그것의 무한성은 보존한다. 그렇지만 무한은 더 이상 무결정이나 부정을 의미하지는 않는다. 아낙시메네스는 되기를 감소와 압축으로 인식한다. 감소되고 압축되는 것은 공기이다. 감소는 공기의 이완이다. 압축은 그것의 수축이다. 감소는 가열과 불을, 압축은 바람·구름·물·땅 그리고 돌들을 만들어 낸다. 그래서 되기는 열기와 냉기라는 대립체에 의해 생성된다. 되기는 어느 정도 아낙시만드로스에게 충실한 그것에 존재한다. 풍요로운 것은 냉기와 열기가 더 이상 아니다. 왜냐하면 그것들은 감소와 압축의 결과이기 때문이다.

순서가 뒤바뀌었다: 지금은 과정이 첫번째이다. 그것 또한 감소와 압축으로 이중적이다. (아낙시만드로스에 따르면 건조라는 유일한 과정이 있다.) 대립은 원리에서 결과된 과정의 심장부 자체로 유입된다. 공기는 존재의 근원을 고려하고, 더 나아가 존재들이 따르는 변화를 설명한다. 그것 자체가 스스로 변화의 유희에 참여하게 된다. 그것은 되기의 기원인 동

시에 변화된 그것이다. 그것은 끊임없이 변화하면서(일시적으로 무한하다), 계속적으로 생산해 낸다(무궁무진하다). 그것은 압축되며, 물과 흙을 발생시키고, 감소하면서 '에테르'와 불을 만들어 낸다.

공기는 불·물 그리고 흙이라는 다른 세 가지 '원소'를 탄생시킨 첫번째 '원소'이다. 이렇게 세상이 형성되었다. 태어난 이 세상은 사라질 것이다. 아낙시메네스가 세상의 다원성을 인정했는지는 확실치 않다. 심플리키우스의 증언에 따르면, 계속과 공존이 아니라 세상의 무한정한 연속이 있는 것 같다.

흙은 공기의 압축에서 태어났다. 감소되었던 흙의 습기는 불을 발생시켰고, 이 불은 높은 곳으로 올라가 별들을 낳았다. 태양·달 그리고 별들은 편편하고, 지구처럼 공기 중에 자리잡고 있다. 태양은 움직이지 않는 지구 주위를 돈다. 압축-감소의 과정은 또한 기상 현상을 생각하게 한다. 구름은 공기의 압축이며, 팽창하여 비가 된다. 우박은 물의 고체화이다; 습기 속에 미풍이 갇히면 눈이 온다.

변화의 이 유희에서 원리는 어떤 때는 보이고, 어떤 때는 보이지 않는다. 그리고 "우리를 지배하는 공기 그것이 우리의 영혼이며, 전 세상을 둘러싸는 것은 미풍과 공기 바로 그것이다"[4]라고 우리가 갖고 있는 유일한 단편이 보여 주는 것처럼 그것은 만물을 감싼다.

---

4) 아에티우스, 《의견》, I, 3, 4.

아에티우스가 지적한 것처럼 미풍과 공기는 여기에서 동의어로 사용되었다. 《일리아드》에서 호메로스가 적어 놓은 바대로 영혼은 또한 숨결이다. 그렇지만 공기처럼 어떤 유형성 또는 물질성을 갖는다. 어느 정도 우리에게 속한 영혼의 역할은 어느 정도 모든 사물들에 속한 공기의 역할과 비슷하다. 이 역할은 **아르케**의 의미 중의 하나인 통치로 해석된다. 모든 사물들이 함께 결합된 전체는 인류와 비교된다. 코스모스 또는 개인을 구성하는 사물들의 다양성과 다원성은 공기 또는 영혼의 명령으로 모아지고 합쳐진다.

둘러싸거나 감싼다는 것은 또한 보호한다는 의미이다. 원리는 지배하는 동시에 보호한다. 둘러싸기는 지배자이며 동시에 보호자이다. 둘러싸다와 지배하다는, 《자연학》에서 아리스토텔레스가 우리에게 가르쳐 준 것처럼 원리의 속성이다. 둘러싸기는 공기가 모든 사물에 존재함을 의미한다. 그것들을 둘러싸며 공기는 사물들을 합치고 분산으로부터 보호한다. 감소와 압축의 이중 과정에 의해 모든 사물을 지배하면서, 끝없는 변화의 유희로 끊임없는 되기를 지속시키면서 공기는 모든 것의 조화와 균형을 보장한다.

II
비평의 발견: 크세노파네스

크세노파네스(기원전 580-기원전 485)는 시인 또는 철학자들인 그의 선배들의 주장을 부인한다. 《생애》에 디오게네스 라에르티오스가 적어 놓은 것처럼 그는 '탈레스·피타고라스와 대립되는 의견'을 밝혔으며, '윤회설(輪回說)'에 대한 피타고라스의 믿음을 비웃는다. 그는 호메로스와 헤시오도스가 노래한 신들의 발현을 거부한다. 그는 냉혹한 비평에 따라 **풍자시**(Silles)의 장르를 창안하였다. 그의 비평은 결국 모든 인간 지식의 한계와 어려움을 동시에 표현한다.

회의주의적 방법 또는 앎에 대한 비평

모든 사물의 '아포리아(apories; 장애 또는 난관들)'를 표명하면서, 위(僞)갈레노스에 따르면 크세노파네스는 모든 것은 '하나'이며, 이 하나는 신이라는 것을 독단적으로 단정했다. 의심과 비슷한 생각인 장애와 난관·확신이 무너지는 이 순간에 모든 확신의 불가능성이 인정된다. 그러나 의심을 이겨내고, 그것을 뛰어넘는 확신이 존재하는 듯하다. 그러면 이 난관을 이겨내는 이런 확신이 참이라는 것을 어떻게 알 수 있는가?

"그리고 신과 동시에 모든 사물들에 대해 내가 말한 것에 관한 사실 여부를 아무도 확실히 알지 못했고, 알 수 없을 것이다. 왜냐하면 완전히 끝난 것을 말하는 사람이 있다면, 그 자신이 그것을 알지 못할 것이기 때문이다. 또한 의견은 모든 사물에 관한 것이기 때문이다."[1]

알기는 의견과 구별된다. 이 두 가지의 일치는 불가능하다. 왜냐하면 말하는 것이 사실인지 전혀 알 수 없기 때문이다. 우리가 아는지 어떤지를 알 수 없음에 대한, 다시 말해 진리의 기준의 부재에 대한 의심이 잔존한다. 말은 의견이며 앎이 아니다. 의견의 지배는 사실임직함의 지배이다. 크세노파네스는 신과 모든 사물에 대해 **말한다**. 그는 이 주제에 대한 사실임직한 것을 말한다: "이것들은 진리와 닮은 것으로 간주되어야 한다."[2]

우리가 확실성과 정확성의 단계, 즉 지식의 첫 단계에, 또는 사실임직함과 의견이라는 두번째 단계에 있는지 알 수 없

---

1) 섹스투스 엠피리쿠스, 《수학자들에 대한 반론》, 7, 49.
2) 플루타르코스, 《식탁의 대화》, IX, 7. 746B.

으므로 동일한 아니면 적어도 비교할 만한 이 두 단계의 평가가 요구된다.

착오에 대립되는 참(étumos)은 호메로스의 노래 속에 존재한다. 네스토르가 아르지엔 전투에서 돌아오는 율리시스와 디오메데스의 말소리를 들었을 때, 그는 그의 지각(知覺)의 사실을 의심한다:

"실수할 것인가, 아니면 진리를 말할 것인가? 내 마음은 내게 말할 것을 권한다. 능란한 말발굽 소리가 내 귀에 쟁쟁하다."[3]

확신의 부재는 참과 거짓의 교차로 표현된다. 율리시스와 디오메데스의 도착은 불확실성을 제거할 것이다. 그러므로 네스토르의 말을 검증하는 것과 참(étumos)으로 판정하게 하는 것은 도착이라는 사실이다. 마찬가지로 사실과 대립된 판단은 부정확한 것으로 확인될 수 있다:

"안틸로코스, 어떤 다른 인간도 너보다 고약하지는 않다. 가버려라! 우리 아카이아인들이 너에게 합리적이라고 말한다면 그것은 거짓이다."[4]

안틸로코스의 행동은 그의 비합리적인 성격을 증거한다. 사실, 그의 행동은 현재까지 참이라고 인식된 언사들을 무효화한다. 그것은 '실제적으로' 다시 말해 '정말로' 합리적이지 않다. 참은 실제적인 것, 존재하는 것을 의미한다.

---

3) 호메로스, 《일리아드》, 10, 534.
4) *Ibid.*, 23, 439-40.

증명이 부족할 때는 앎과 의견을 구별해야 한다. 문제시된 것, 즉 크세노파네스가 말한 것, 신과 만물에 대한 것이 감각 경험을 벗어났을 때 증명이 미흡해진다. 진리의 질서, 즉 알기는 불가능해진다: 우리는 단지 말할 수밖에, 즉 발언할 수밖에 없다.

의견은 인간에게 고유한 지식의 양식(樣式)이다. 아무도 '분명한 것' '확실한' 또는 '분명히 나타나는 것(to saphès)' 즉 진리를 결코 알 수 없을 것이다. 그렇다고 해서 의견이 공허한 억측은 아니다.

실제로 크세노파네스가 감각 경험에 대한 지식을 수립하고, 이런 의미에서 감각이 증명에 중요하며, 그 결과 의견이 확인된 그래서 분명한 지식이 될 수 없다고 해서 의견이 유효하지 않은 것은 아니다. 설명하려는 시도(원인을 제공하고, 이유를 대는 것) 대신에 이해하려는 시도(의미 모으기와 재수집)에 의견의 가치가 있다.

이것이 외형과는 별도로 존재의 질서, 인간적인 지식을 벗어난 현실의 상위 질서가 존재하는 것을 의미하지는 않는다. 지식의 이중성은 존재론적 이중성을 아직 의미하는 것은 아니다. 현실은 하나이다. 그것의 지식 양태는 의견과 알기 두 가지이다. 그러나 그것은 하나로 인식되어야 한다: 진실인 사물들을 진실임직한 사물들로 보아야 한다. 이 절대적 필요성은 알기의 상위 질서에 확실히 들어갈 수 없는, 아는 능력의 한계 표시로서 인간적 무능의 결과이다.

이런 한계들은 앎의 방식의 한계의 필연적 결과이다. 인간은 여기에, 그리고 현재에 있다. 그의 시선은 사물 전체를 공간적으로, 시간적으로 포괄할 수 없다. 그것은 신의 시선과 달리 부분적이고 편파적이다.

"이제, 올림포스에 살고 있는 뮤즈들이여, 나에게 말해 주시오. 당신들은 신성이시오. 당신들은 현재이며, 모든 사물들을 아시오. 우리는 일말의 소리만을 들을 뿐 아무것도 보지 못한다오."[5]

신의 지식은 인간의 앎의 가능성을 넘어선다: 신은 "모든 전체를 보고, 모든 전체를 생각하고, 모든 전체를 듣는다."[6] 신은 특별한 능력을 가진 감각 기관에 의해 제한되지 않는다. 신이 기관을 갖고 있지 않다는 사고는 '신인동형론(神人同形論)'의 비평과 불가분의 관계이다. 듣기, 보기, 그리고 생각하기는 동일한 행위로 집약된다. 게다가 그것은 전지적인 신이라는 한 가지 원천에서 유래한다. 그래서 유일하게 그만이 앎을 소유하고 있다. 이 앎은 전체이며 즉각적이다. 왜냐하면 그의 시선, 그의 귀, 그의 사유가 직접적이고 완전하기 때문이다. 완전성과 즉각성은 영원히 인간이 가질 수 없는 확신을 보장한다.

---

5) *Ibid.*, 2, 484 ss.
6) 섹스투스 엠피리쿠스, *op. cit.* 9, 144.

회의주의적 방법과 우리 지식의 상대성

앎의 일부분이 뮤즈들에 의해 시인에게 전달되었다면, 크세노파네스에게 인간은 시간과 함께 배워 가는 존재이다. 왜냐하면 시인들이 주장하는 것과는 반대로, 신들은 즉각적으로 모든 앎을 주지 않을 뿐만 아니라 그것의 일부분도 주지 않았기 때문이다. 인간은 점차적으로 앎이 아니라 의견, 즉 과도기적 지식을 얻어 간다. 그는 경험, 관찰, 그리고 사실의 축적으로 학습해 간다.

"신들은 처음부터 모든 사물들을 인간에게 보여 주지 않았다. 시간과 함께 연구하면서 인간들은 더 잘 찾아간다."[7] 그러므로 가능한 신의 계시는 없다. 지식의 진보 가능성은 점차적인 발견과, 또한 결코 끝나지 않은 과정에 대한 사고를 전제한다. 이는 지식(사변적이거나 기술적인)이 계속적인 부정의 운동, 접근할 수 없는 진리와 앎의 결과임을 의미한다. 진보는 유동과 변동과 분리될 수 없다. 지식의 상태는 잠정적이다: 그것은 연구에 따라 변화하며 감각, 감각 경험과 관계가 있다.

"신이 노란 꿀을 생산하지 않았다면, 무화과가 훨씬 더 달콤하였다고 말했으리라."[8] 달콤하다는 기준은 꿀이다. 바로

---

7) 스토베, 《텍스트의 선택》, I, 8, 2; 《플로리레주》, III, 28, 41.
8) 헤로디엥, 《독특한 단어에 대하여》, 41, 5.

그것에 따라 다른 모든 달콤한 것들이 판단되었다. 그러나 기준은 임의적이다. 꿀이 존재하지 않는다면, 기준은 무화과일 것이다. 질(質)은 이렇듯 양(量)과 불가분의 관계로 나타난다: 이것은 저것보다 더 또는 덜 달콤하다. 질은 상대적이다. 이런 단정은 필연적으로 우리의 느낌을 벗어나는 자체 특질이 있다는 것을 의미하지는 않는다. 지식은 우리 앎의 방식의 한계의 결과인 지각될 수 있는 것과 지각과 관련이 있다.

이런 알기의 상대적 이중성은 꼭 '회의주의'로 연결되지는 않지만 '회의주의적 방법'의 조건을 제시한다. 그것의 능력 이상으로 판단하려는 결정들을 경계해야 한다. 감각이라는 우세한 지식의 도구를 주의해야 한다. 왜냐하면 감각은 거짓일 뿐인 것을 진리로 착각하도록 유도하기 때문이다. 그 가운데 최고는 의견일 뿐인 것을 앎으로 간주하도록 만든다는 것이다. 신들에 대한 인간의 판단이 그러하다. 인간들은 신들이 그들의 이미지에 속한 것임을 주장한다. (유대 종교는 이 확신을 뒤집는다.) 그리고 신들을 자신들과 비슷하게 표현한다.

신인동형론의 비판

"그러나 소·말 또는 사자가 손이 있다면 손으로 그림을 그릴 수 있고, 인간이 하는 작업을 수행할 수 있다면 말은 말의 모양으로 신을 그릴 것이고, 마찬가지로 소는 소의 모양으로 그릴 것이다. 그리고 각자가 가진 형상에 따라 몸을 창조해 낼 것이다."[9]

신의 재현은 그것을 창조하는 것과 관련이 있다. 그래서 신에 대한 인간의 판단은 인간의 재현과 불가분의 관계이다. 기준이나 준거는 인간이다. 그러나 그것은 소일 수도 있다. 인간 중에서 에티오피아의 신들은 짙은 피부를 갖고 있으며, 트라케의 신들은 붉은 머리이다. 다른 규준은 필연적으로 다른 개념을 생산한다. 기준이 바뀌면, (인식되거나 착안된) 판단된 것은 기준과 함께 바뀐다. 모든 판단은 임의적인 기준과 관련이 있다. 왜냐하면 그것은 '객관적인' 기준에 근거하지 않기 때문이고, 어떤 증명으로 요약할 수 없다.

신의 이미지에 대한 근원적인 비판은 판단에 필요한 기준과 이 동일한 기준의 상대성을 동시에 분명히 밝힘으로써 성립된다.

"인간들은 신들이 태어나고, 옷을 입고, 그들의 목소리와 그들의 형상을 갖고 있다고 생각한다."[10] 분명히 지적해야 할 것은 신성과 인성의 차이, 다름이다. 인간-신의 관계를 규정하는 것은 더 이상 그 동일성이 아니라 반대로 차이이다. 이 차이는 그렇다고 해서 인간의 기준을 구조화하지는 않는다. 왜냐하면 그것은 반대로 그것을 구성하는 바로 그것이기 때

---

9) 티투스 플라비우스 클레멘스, 《잡기(雜記)》, 5, 110.
10) *Ibid.*, 109.

문이다. 신들에 대한 담론은 원칙적으로 부정적인 방법으로 전개된다. 왜냐하면 크세노파네스는 신들을 인간과 구별하는 심오한 차이들을 지적하기 위해 의식적으로 인간의 준거를 규준의 위치로 끌어올리기 때문이다.

이렇듯 차이는 동일성에 맞춰 형성된다. 탄생은 호흡처럼 신들에게는 부적절하다. 호메로스와 헤시오도스에 따르면 신들은 불멸이지만, 태어난다. 크세노파네스는 파르메니데스보다 먼저 탄생과 죽음의 관계를 확인한다. 신들은 탄생하는 만큼 죽지 않는다. 과거에도 그러했고, 영원히 그러할 것이다.

인간을 신과 구별짓는 차이는 무궁무진하다. "신들과 인간들 중에서 가장 위대한 신은 신체나 정신 어느 면으로도 인간과 비슷하지 않다."[11]

일체성은 신들에게 고유한 특징들의 결합이다. '신'이라는 표현은 그 자체 신성을 의미하며, 이런 의미에서 올림포스의 개별적인 신들을 초월한다. 그렇다고 그 신들을 거부하지는 않으며, 크세노파네스의 비판은 일신교를 위한 다신교의 부정은 아니다. 신들의 존재는 수차례에 걸쳐 확인되었기 때문에 하나의 신만이 존재하는 것은 아니다. 신들에 대한 비판적인 담론은 인간의 규준에 비해, 시인들과는 반대로 신의 일반 개념에까지 이르기에는 부정적인 관계를 형성한다. 이 신의 개념은 결과로 나타나거나, 또는 신인동형론의 비판의 과격화처럼 나타난다. 이 과격화는 그러나 신에 대한 긍정적인

---

11) *Ibid*., 5, 109.

담론으로 이어지지는 않는다.

"그는 항상 같은 장소에 머문다. 어떤 것으로도 움직이지 않기 때문에, 어떤 때는 여기로 어떤 때는 저기로 향한다는 것이 그에게 맞지 않는다."[12] 적합함이라는 사고가 우리의 신에 대한 개념을 이끌어 주어야 한다: 운동은 신의 본질에 적합하지 않다. 부동성은 그의 완정성과 우월성을 보증한다: "힘들이지 않고, 그는 모든 사물을 사유의 힘으로 움직인다."[13]

이런 점에서 서사시와 비극에서의 제우스와 비슷한 신은 고통과 노력을 알지 못한다. 인간과 달리 신은 움직임의 필요를 느끼지 못하고, 용이하고 쉽게 모든 것을 처리한다. 이는 신의 전지전능함에 대해 일반적으로 인식된 결과이다.

비판 담론은 감각 경험이 그에게 결정적인 확증을 제공할 때에만이 그 의미를 갖는다. 그래서 신들의 전달자 이리스는 실제로 '볼 수 있는' '진홍색과 녹색'[14]이라는 진한 색의 구름에 지나지 않는다. 그것을 초월하고 조합하기 위해 흙(가이아, 헤시오도스의 《신통기》에서의 주요 생산자)과 물(오세안, 《일리아드》에서 모든 사물의 기원)로 만물의 근원이며 조직인 신들을 만들어 냄으로써 시인들의 담론을 연장시킬 때 담론은 계속된다. "흙과 물, 태어나고 성장하는 모든 사물들은 그러하다."[15]

---

12) 심플리키우스, *op. cit.*, 23, 11.
13) *Ibid.*, 20.
14) 《일리아드》 주석, 11. 5. 27.

가치의 비판

윤리 영역에서, 비판 담론은 그리스인들이 인지한 당당하고 영웅적인 주요 가치들을 대상으로 삼는다. 가치에 대한 비판은 윤리적이고 동시에 정치적인 정의로 집약된다. 호메로스와 헤시오도스는 신들에게 절도, 불륜, 상호 사기 등 수많은 부당한 행위들을 부여한다. 인간들에게 수치스럽고 비난받을 만한 이런 행위들은 신의 본질의 완전성, 즉 시인들 자신이 신성을 갖고 있다는 생각과 어울릴 수 없다. 시인들은 신의 모험담을 노래할 때 인간 규준에 갇혀 있을 뿐만 아니라, 이 규준은 부정적이다. 그들은 인간에게 금지된 것을 신들에게 부여한다. 이는 신의 본질 자체에 역행하는 것이다. 왜냐하면 이는 신의 우월적 입지를 타락시키기 때문이다.

이런 관점에서 정의의 부재는, 정의를 구현하는 신들——특히 제우스——에게 더욱 비난받을 만하다. 호메로스와 헤시오도스는 합리적이지 않다. 왜냐하면 그들은 신의 행위들을 정당한 것과 부당한 것, 서로 모순적인 것으로 표현하기 때문이다. 제우스는 인간들에게 정의의 존중을 보장하고, 부당한 행위를 저지른다. 이 행위들은 더구나 신의 본질 자체와 모순된다. 모순을 보여 주고 그것을 제거하는 것은 신들을 고려하고, 그들의 이익을 챙겨 주는 것이다.

---

15) 심플리키우스, *op. cit.*, 188, 32.

이런 견지에서 정의에 도전하는 티탄족, 거인, 반인반마(半人半馬)의 싸움을 서사시로부터 퇴출시켜야 한다. 티탄족, 거인, 반인반마들은 폭력이 연루된 기상천외한 존재들이다. 시인들에 의하면, 그들이 벌인 폭력적인 전투는 질서 정연한 도시가 피해야 하는 싸움과 분쟁을 옹호하는 것이다. 올바른 통치는 도시가 추구해야 할 목표이다. 그 전투가 본보기를 보이지 못하고 최선을 보장하지 않는 한 이런 전투들은 불필요하고 해악을 끼친다. 헤시오도스와 호메로스가 교육자처럼 소개된다고 할지라도 그것의 교육적인 가치는 없다. 그들의 이야기는 예전부터 전해지는 믿을 수 없는 꾸며낸 이야기일 뿐이다.

크세노파네스가 여기에서 관심을 갖는 것은 전통에 대한 비평이다. 전통은 그 자체로 존경할 만한 것은 아니며, 맞서 싸워야 하는 선입견의 총체를 포함한다. 그래서 그것은 비판을 따라야 한다.

불필요한 다른 유형의 싸움은, 여러 가지 형태로 체육관이나 경기장에서 벌어지는 그것이다. 승리한 선수들은 도시에서 환영받지만, 그들은 좋은 정부나 그의 부(富) 어느것에도 소용이 없다. 반대로 도시는 '지혜'를 지닌 사람들에게서 도움을 받을 것이다. 그래서 "훌륭한 지식보다 힘을 선호하는 것은 부당하다"[16]는 가치는 물리적인 힘의 잣대가 아니라 지혜의 잣대로 판단하는 것이다. 현인(賢人)은 교육자인 동시에

---

16) 아테나이오스, 《미식가》, 10, 413, F.

입법자이다. 그리고 그것으로 도시에 공헌하는 사람이다.

만약 신에 대한 비평 담론이 합당함에 근거한다면, 가치에 대한 비평 담론은 유용성에 근거한다. 유용성은 가치의 척도이다. 그래서 힘은 도시에 유용하지 않기 때문에 가치가 없다. 가치를 확립하기 위한 기준이 될 수 없으므로 유용성으로 거짓 가치를 제거할 수 있다. 유용성은 합당함으로, 비평 기능만을 갖는다.

현명하다는 것은 참을 이루는 것, 항상 최고를 지향하는 것이다. 정의는 우리들에게 달려 있다. 그것은 우리의 손아귀에 있다. 옳은 행위, 정도를 벗어나지 않은 행위들을 실행하는 것은 쉽고 자연스럽다.

절제는 양적인 의미가 아니라 질적인 의미이다. 실수나 부당함을 범할까봐 주어진 한계를 넘지 않는 것이 절제이다. 그래서 그 결과로 우브리스(hubris; 초과)가 절제된다.

"나이를 먹지 않았다면, 하인의 도움을 받지 않고 자신의 집으로 돌아갈 수 있다면, 그리고 사람들 중에서, 술을 마신 후에 기억력과 최고에 대한 열망 같은 중요한 것을 과시하는 사람을 칭찬할 수 있다면 술을 마시는 것은 지나친 행위가 아니다."[17]

지혜의 세 가지 요소는 탁월함, 정의, 그리고 절제이다. 그

---

17) *Ibid.*, 462, C.

것을 통해 비평의 영역, 즉 크세노파네스의 철학은 그것이 지혜를 의미한다면 다음의 시구에 존재한다.

"겨울 동안, 불 가까이, 포근한 침대에 누워, 배불리 먹고, 이집트 콩을 조금씩 까먹으면서, 부드러운 포도주를 마시면서, '너 누구니?' '너 어디 출신이니?' '친구야, 너는 몇 살이니?' '메디아 사람이 왔을 때 너는 몇 살이었니?' 등에 대해 말해야 한다.[18]

---

18) *Ibid.*, Ⅱ, 54, E.

III
수(數)의 발견: 피타고라스학파

 피타고라스의 학설은, 오늘날 충분하고 믿을 만한 증거 부족으로 그의 철학을 확립하기 힘든 전설적인 인물에서 그 이름이 유래한다. 그런 까닭에 주로 우리는 5세기 피타고라스학파의 사람들 중에서 가장 중요하게 인식되는 필로라오스의 학설을 근거로 삼을 것이다.

 피타고라스 학설의 근본적인 두 가지 이론적 요인은 '조화'와 수(數)이다. 피타고라스는 "그 자체에 존재하는 질서를 이유로 우주의 표면에 **코스모스라는 이름**"[1]을 부여한 첫번째 사람이다.

 코스모스는 조화로운 전체로, 즉 그것들 사이의 부분과 전체에서의 부분의 완전한 조절로 인식된다.

 조화는 그 자체로서, 수(數)로 표현되는 것과 관련이 있다.

 산수와 음악, 수와 조화는 분리될 수 없는 것으로 나타난다. 아리스토텔레스에 따르면 피타고라스학파의 사람들은 밀

---

1) 아에티우스, 《철학자들의 의견》, II, I, 1.

레토스학파의 물질 원리를 수학 원리, 즉 수로 대치하였다.

수(數)를 통한 지식

"수는 짝수와 홀수라는 고유한 두 가지 종(種)을 갖는다. 그리고 두 가지의 혼합물에서 발생한 세번째 짝-홀수가 있다. 이 두 종류의 각각은 각 사물이 그 자체로 표시하는 수많은 모양을 갖는다."[2]

기하학적인 점으로 단위를 표시한다면 2는 한 선, 3은 표면, 4는 두께이다. 각각은 이 모양(선, 표면, 두께) 중의 하나를 나타낸다. 왜냐하면 모든 사물은 한 가지 모양을 갖고 있기 때문이다. 그리고 수는 모양이기 때문에 각 사물은 한 가지 수를 갖는다.

모양은 형태이다. 모양에 의해 사물은 다른 것과 구별되고 차별화된다. 사물이 이렇듯 개별화되면서, 그것은 형태로 특성을 갖게 된다. 모양은 측면이나 부분의 규정된 관계에 의해 얻어진다. (정사각형의 4개의 측면은 동일한 반면, 직사각형의 측면들은 같지 않다.) 모양의 비율은 중요하다. 왜냐하면 그 비율로 구조로서의 그 모양을 이해할 수 있기 때문이다. 사물은 수로 인식될 수 있는 구조를 갖는다. 이것으로 사물은 수

---

2) 스토베, 《텍스트의 선택》, I, 21, 7 c.

를 갖고 있다고 말해진다.

왜냐하면 수가 없으면 "생각할 수도, 알 수도 없기 때문이다."[3] 수는 지식의 한 가지 원리일 뿐 존재의 원리는 아니란 말인가? ('존재론'은 존재에 대한 담론을 의미하므로 우리는 이제부터 존재론적인 원리에 대해 언급할 것이다.) 만약 그렇다면 수는 수가 아닌 현실을 이해할 수 있게 만드는 그것이다. 필로라오스는 한정된 것처럼 알려진 것을 정의한다: "알려진 것은 무제한의 존재에 속할 수 없을 것이기 때문이리라."[4]

지식에 관한 이 두 가지 주장은 서로의 입장에서 이해되어야 한다: 첫째, "알려진 모든 사물은 수가 있다." 둘째, "알려진 것은 무제한일 수 없으리라." 수는 그러므로 지식의 한 방법으로 등장한다. 어떤 사물의 수를 찾아내는 것은 그것을 안다는 것이다. 그러나 그렇다고 해서 그것이 모든 사물이 수로 제한될 수 있다거나, 수가 사물의 존재라는 말은 아니다.

무제한과 한정자(限定者): 존재론적 영역

수는 지식의 도구이며, 무제한의 부재이고, 그 조건이다. 무제한의 부정 또는 부재는 한정자(限定者)처럼, 동시에 한정자와 무제한의 결합처럼 이해되어야 한다. 왜냐하면 모든 사

---

3) *Ibid.*, I, 21, 7b.
4) 잠블리크, 《니코마코스의 산술(算術) 서론에 대한 논평》, 피스텔리 출판사, 7, 24.

물들은 한정자이거나 무제한이거나 또는 동시에 두 가지 다 이기 때문이다.

이것이 존재론적 정의이다. 알려진 한 사물이 무제한일 수 없지만, 알려진 사물들이 존재하기 때문에 **오로지** 무제한인 사물들이 존재할 수 없으리라.

> "(…) 존재하는 것이든 우리에게 알려진 것에 대한 것이든, 어떤 것을 위해서든, 한정자와 무제한이라는 세상을 구성하는 사물들의 존재가 없다면 태어나는 것이 불가능하기 때문에 사물들의 존재는 영원하고, 본질적으로 인간적이 아닌 신적인 지식을 얻을 수 있다."[5]

필로라오스는 한편으로 사물들의 존재는 한정자와 무제한으로 구성되었고, 다른 한편으로 알려진 사물은 수를 갖는다고 주장한다. 한정자와 무제한과 수의 관계는 무엇인가? 아리스토텔레스에 따르면, 피타고라스학파의 무제한은 짝수이다. 그러나 이런 주장을 "무제한을 아는 것은 불가능하다"와 "모든 알려진 것은 하나의 수를 갖는다"라는 다른 두 가지 주장과 어떻게 일치시킬 수 있을까? 이 일치는 아리스토텔레스와 반대로 수가 지식의 한 영역일 뿐이라는 사실을 확인하는 것은 아닐까? 이때 존재론적 영역을 갖는 무제한과 한정자는 수가 아니라는 사실이 이어진다.

---

5) 스토베, *op. cit.*, I, 21, 7d.

한정자와 무제한은 원리로서 주어진다. 그 자체로서 그것들은 근원을 의미한다.

"게다가 존재는 단지 한정자나 무제한으로부터 등장하는 것이 아니기 때문에, 당연히 세상과 그 속에 있는 존재들은 한정자와 무제한으로부터 조화를 이루었다."[6]

그러나 세상을 구성하는 모든 존재들과 세상 자체는 유일한 한 가지 원리에서 유래하는 것이 아니기 때문에 무제한이든 한정자이든 둘 다이건 간에, 무제한들 또는 한정자들 또는 혼합물들만이 존재하는 것은 아니다. 만약 모든 존재들이 무제한이라면, 우리가 관찰한 인간적인 지식의 어떤 것도 가능하지 않을 것이다.

이로써 무제한의 지식이 제외되지는 않지만, 그것은 신의 지식이다. 그래서 필로라오스는 신적인 지식과 인간적인 지식이 구별된다. 이 구별은 신의 차원이 아니라 인간적인 차원에서 존재와 앎의 차이를 지적한다.

제한하기, 제한하는 동시에 제한하지 않기, 그리고 제한하지 않기라는 세 가지 기능의 유형에 상응하는 존재의 세 가지 유형에 세 가지 기원이 있다. 어떤 존재든 한정자이거나 무제한이거나 그 혼합이다. 그리고 수는 지식의 원리이며, 알려진 것이 무제한의 계급에 속한다면 수는 혼합(한정자-무

---

6) *Ibid.*, I, 21, 7a.

제한)의 계급에 속한다. 그렇다고 해서 있는 존재가 그것으로 축약될 수 없으므로 그것은 한 사물의 모양-구조를 알 수 있는 것이다.

 수는 짝수이거나 홀수이다. 홀수로서의 수의 기능은 한정적이고, 짝수는 무제한이다. 짝수는 동등한 두 부분으로 나누어질 수 있고, 각 부분 자체가 또 둘로 나누어질 수 있으며, 끝없이 그렇게 나눌 수 있다. 짝수의 모양은 직사각형이며, 홀수는 정사각형이다.

 실제로 첫번째 홀수 1을 취해서, 그것에 두번째 홀수인 3을 얻기 위해 2를 더해 보자. 그렇게 계속하다 보면 다음의 모양을 얻게 된다.

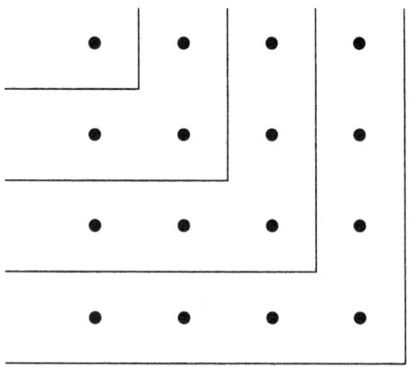

 이제 첫번째 짝수 2를 취하자. 그리고 두번째 짝수를 얻기 위해 그것에 2를 더하자. 그렇게 계속하면 이번에는 다음의 도표를 얻게 된다.

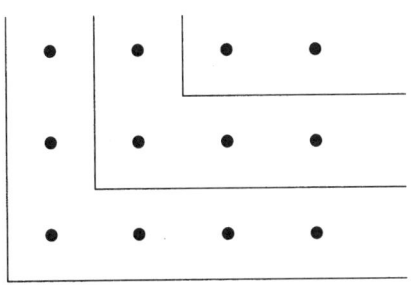

 첫번째 도표에서 길이-넓이의 관계가 항구적인 데 반해, 두번째 도표에서 그 관계는 끝없이 변화한다. 짝수는 제한하지 않는 기능을 가지려 한다. 왜냐하면 짝수가 무제한의, 즉 항상 다른 관계를 형성하기 때문이다. 제한이 없음은 차이를 의미한다. 홀수는 하나뿐인 관계를 형성한다. 무제한은 차이와 다수의 또 다른 이름이며, 한정자는 동일성과 일치의 다른 이름이다. 무제한적인 전체는 항상 다른 관계의 무제한적 연속체를 포함한다. 그것은 무형이 아니라 기형, 변형을 의미한다. 서로 다름은 동일성의 부정이다. 다른 것은 '같은 장르에도, 같은 질서'에도 속하지 않는다. 그래서 그것은 잡동사니와 변화의 지배이다. 다름의 지배는 그래서 무질서의 지배가 아니라 항상 다른 질서의 지배일 것이다. 한정자는 반대로 '비슷하고 같은 장르'이다. 한정자가 안정성과 동일성의 근원이 될 때, 무제한은 사물의 끝없는 변화의 원리가 된다.

 그러나 이 두 원리는 상호 배타적이며, 이 배타적 관계는 무질서의 동의어이다. 그래서 화해가 이루어지고 정돈된 전체, 즉 세상이 가능하기 위해서 필요하다고 판명된다.

조 화

이런 화해는 조화의 형태를 취한다. '조화'는 질서의 존재라는 사실 확인에서 유래한 가정처럼 보인다.

"만약 조화로움이 등장하지 않는다면, 조화가 어떤 방식으로 이루어졌든 그것들[한정자와 무제한]이 정리되는 것은 불가능할 것이다."[7]

모든 조직은 조화의 결과이다. 설명될 수 없는 조화는 세상을 조직하는 사물들과 세상의 이해를 위해 필요하다. 세상은 한정자와 무제한의 조화로운 조합이다. 세상은 조화되기라는 역동적인 프로세스의 결과처럼 보인다.

조화가 이루어지는 곳에 관계가 존재한다. 이것은 조화가 관계를, 즉 조화로운 관계를 전제하고 있음을 의미한다. 이 조화되기는 제한적 조절처럼 나타난다. 왜냐하면 한정자와 무제한들은 연결되어지기 때문이다. 이 연계는 필요하다. 그래서 이 두 원리는 근본적으로 이질적이며, 그래서 상호적으로 배타적이다. 배타적 관계를 조화로운 관계로 변형시키는 것이 관건이다. 부조화의 이 두 가지 원리의 연계는 세상의 화음을 만들어 낸다. "첫번째로 조화를 이룬, 구(球)의 중심

---

7) *Ibid.*, I, 21, 7d.

부에 있는 하나를 가정(家庭)이라 부른다."[8]

그 하나는 한정자와 무제한의 조화의 첫번째 결과물이다. 그것은 본원의 결합인 동시에 최초의 일치이다: "결합은 자연의 절제이다."[9] 첫번째 합성물인 그 하나는 비슷한 것과 다른 것의, 일치와 차이의 결합이다. 하나는 첫번째 조화이다. 왜냐하면 그것을 통해 결합처럼 조화 과정의 의미를 파악할 수 있기 때문이다. 세상처럼 자연의 일치가 존재하기 위해서는, 먼저 결합시키는 것이 필요하다. 결합은 일치를 이루어 낸다. 그래서 하나는 무엇보다 결합을 의미하는 것이다.

조화를 이루고, 조절되고 모아진 첫번째인 하나는 그러나 대립의 소멸은 아니다. 무제한과 한정자들은 결합 속에서 유지된다. 왜냐하면 우리가 이미 살펴본 바와 같이 그것들은 세상에서 서로 연계되어 있기 때문이다. 이것은 또한 제한적이고 무제한적인 행동, 바꿔 말하면 이타성과 변화의 존재를 보장한다.

수는 그것의 완벽한 예증이다. 혼합 단계에서 유래한 모든 생산물은 한정자와 무제한의 조화이다. 게다가 이런 조화의 결과인 수는 제한하지 않을 수 있고(짝수일 때), 또한 제한할 수 있다(홀수일 때). 더 나아가 수는 조화로운 관계로서, 다시 말해 단순한 조절로서가 아니라 올바른 비율을 의미하는 조절로서 조화를 이해할 수 있도록 하는 그것이다. 《형이상학》

---

8) *Ibid.*, 8.
9) 아에티우스, *op. cit.*, II, VII, 7.

에서 아리스토텔레스가 저술한 것처럼, 피타고라스 학자들은 '수에서 특성과 조화로운 것들의 관계'를 보았다.

조화와 음악

조화는 수 없이는 이해될 수 없다. 그것들을 결합시키는 관계를 분석하는 것은 피타고라스 학설의 핵심으로 들어가는 것이다. 조화는 또한 중간성, 평균이라고 불리는 비율이다. 모든 중간성은 최소한 주어진 '간격'(또한 관계)에 따라 그것들 사이에 적당한 비율로 연계된 세 가지 항을 포함한다. 피타고라스학파의 아르키타스에 따르면, 음악에는 산술적 · 기하학적 그리고 조화로운 세 가지 중간성이 있다.

산술적 중간성은 다음의 방식으로 정의된다. a, b, c 세 항이 있다고 하자. $a<b<c$이고, $b-a=c-b$라면 $c/b<a/b$이다. 예를 들어 세 가지 수 6,9,12; 9-6=12-9=3이다. 한편 2개의 큰 항인 12/9 사이의 관계 또는 간격은 더 작은 두 항 9/6의 관계보다 하위이다. 즉 12/9(=4/3)<9/6(=3/2)이다. 더 나아가 9는 그 수의 1/3(또는 3)만큼 6보다 우위이며, 마찬가지로 그 수의 1/3만큼 12보다 아래이다.

기하학적 중간성은 다음과 같이 정의된다. $a/b=b/c$인 a,b,c라는 세 항이 있다고 하자. 3,9,27의 세 수를 취해 보자; 3/9=9/27이다(두 관계는 1/3과 같다). 조화 중간성의 정의는 다음과 같다: b는 a보다 a의 $1/x$만큼 크고, c는 b보다 c의 $1/x$

만큼 크다. 예를 들어 8은 6보다 6의 1/3에 해당하는 2만큼 더 크다. 그리고 8은 12의 1/3인 4만큼 작다.

산술과 조화의 중간성 또는 평균은 화성학을 이해하는 데 본질적으로 중요하다. 피타고라스는 소리가 양(量)이라는 사실(예를 들어 악기의 현의 길이)을 발견했다. 수가 적을수록, 현은 짧고 소리는 날카롭다. 그래서 음정은 수적인 관계로 표현될 수 있다. 가장 협화적인, 그러므로 가장 조화로운 음정들은 수적 관계가 1/2에 상응하는 옥타브처럼 그 관계가 가장 작은 수들로 구성되어 있다. 옥타브 또는 '화성의 크기'는 4도 음정이나 5도 음정으로 구성된다.

아르키타스의 이론에 따라 우리가 산술 중간성을 고려한다면, 가장 작은 두 수의 관계는 5도 음정과 동일하고, 가장 큰 두 수의 관계는 4도 음정과 같다는 것을 알 수 있다. 수 6,9, 12를 취해서 6/12(또는 옥타브 가치 1/2)으로 옥타브를 표현해 보자. 6/9는 2/3, 또는 5도 음정과 동일하고, 9/12는 3/4 또는 4도 음정과 같다. 화성의 중간성의 경우, 정확히 반대의 관계가 얻어진다: 6/8=3/4는 4도 음정과 8/12=2/3는 5도 음정과 동일하다.

이 두 경우에 우리는 '화성의 크기'를 재발견한다.

4도 음정, 5도 음정, 그리고 옥타브는 '테트락티스'라 불리는 첫 4개의 수들로 표현된다. 이 첫 수들의 합으로 구성된 10(1+2+3+4=10)을 포함해서 테트락티스는 완전한 수이다. 바로 이것을 통해 '무궁무진한 자연의 근원과 원천을 포함한 테트락티스를 우리에게 전달해 준 그에 의해'[10]라는 피타고라스학파의 서약이 이루어졌다. 화성의 수는 화성학을 알게 하는 것이다. 자연은 화성학의 표현이며 산물이기 때문에 화성학의 상징과 표현으로서 테트락티스는 자연의 원천이다.

이런 이유로 피타고라스학파 사람들은 천상의 물체들은 우주의 음악을 생산한다고 생각했다. 화음은 간격과 속도의 화성의 관계에 상응한다. 음조처럼 물체들은 단일한 운동을 한다. 일곱 가지 물체의 각각의 간격은 음정을 구성한다. 정확히 리라의 일곱 가지 현처럼 이렇게 화성학, 한 옥타브를 만들어 낸다. 우리가 잘 들을 수 없는 우주의 음악은 지상의 음악에 의해 알려졌다. 그래서 천문학과 음악은 형제 과학이다.

우주론

세계의 일체성은 무제한과 한정자라는 상반된 것들의 조합에 의해 이루어진다.

원천적인 결합은 세상을 생성시킨, 우리에게는 보이지 않는 생산적인 힘, 즉 융해 금속이다.

모든 천체와 지구는 구형(求刑)이고 움직인다. 열 가지 천상의 물체가 그렇게 융해 금속의 주변을 돈다. 그것들은 5개의 행성(금성, 수성, 화성, 목성, 토성), 달, 해, 지구 등 별들의 하늘과 그것의 대칭체인 보이지 않는 '안티테르'이다. 안티

---

10) *Ibid.*, I, III, 8.

테르의 존재는 우주 조화의 조건인 데카드(열 가지 물체)를 찾아낼 수 있게 해준다.

태양은 그 강도를 완화시켜 융해 금속의 빛과 열기를 반사하는 일종의 유리이다. 필로라오스에게 지구의 지심(地心)의 비전(vision)은 없다. (지구는 융해 금속 주위를 움직인다.) 지구의 천체 시스템은 이 점에서 코페르니쿠스의 시스템을 예견한다.

협화음과 조화는 모든 존재하는 것의 근간이다. 피타고라스학파에 따르면 불협화음은 없다. 각각은 다른 것들과, 모든 것(코스모스)과, 그리고 임의의 어떤 존재로서 인간과의 조화를 이룬 일부분을 구성하기 때문에 모든 존재는 우주의 조화에 동참한다. 그러므로 우주의 조화를 존중하도록 노력해야 한다. 모든 것이 조화롭기 위해서는 소우주와 대우주의 조화가 이루어져야 한다.

피타고라스의 인생

피타고라스의 생은 무엇보다도 우정에 근거한 공동체적 삶이며, "친구는 모든 것을 공유한다"라는 규칙을 지키는 개인들간의 조화의 반영이다. 비밀의 법칙에 의해 결성된 피타고라스학파는, 어떤 이들이 그들의 행동을 인도해야 하는 **숨볼라**(sumbola; 기호) 또는 **아코우스마타**(acousmata; 합의된 일)라는 이름으로 집결된 격언들을 구전(口傳)한다. 이 격언 가운

데 하나를 보자:

"무엇이 가장 정당한가? 희생하는 것. 무엇이 가장 현명한가? 수, 두번째로 사물들의 이름을 확립한 그. 우리 권력에서 제일은? 의학. 가장 아름다운 것은? 조화. 가장 강한 것은? 지식. 제일은? 행복. 가장 솔직한 사실은? 인간이 악하다는 것."[11]

피타고라스학파는 절제와 자기 조절, 더 정확히 신체와 영혼의 조화와 균형에 근거한 삶의 법칙에 복종한다.

의학은 신체에, 음악은 영혼에 행하는 정화이다. 의학은 피타고라스의 학설에서 중요하다; 영양학은 이 학파의 주요 분야 중의 하나이다. 그것은 전체 금기에 근거하며, 그것의 어떤 부분(잠두, 생선, 또는 하얀 닭의 식용 금지 같은)은 항상 이성적인 것은 아니다. 식이요법은 또한 어떤 의미로 윤회에 대한 믿음과 관련이 있다.

고대 피타고라스학파(6세기 중반)에서 중요한 이 믿음은 다음의 확신에 근거한다: "영혼은 불멸이며, 살아 있는 다른 종으로 전이된다."[12] 그로부터 다른 종(種)의 식용 금지 이론이 도출된다.

피타고라스는 그의 전생을 기억하고 있어서 비범한 지식에

---

11) 잠블리크, 《피타고라스의 생애》, 82.
12) 포르피리오스, 《피타고라스의 생애》, 19.

대한 재능을 타고났다고 디오게네스 라에르티오스가 전한다. 기억은 사유와 경험, 그리고 지식의 발달에 중요한 역할을 담당하고 있다. 그래서 피타고라스학파는 그것의 능력을 향상시키는 데 전력을 다한다.

하나의 생은 현자가 되기에 불충분하기 때문에, 지난 생들을 기억한다면 지혜의 가능성은 윤회 속에 존재한다. 영혼의 불멸성과 연속적인 환생은 영혼이 계속적인 운동(하나의 생명체에서 다른 생명체로의 전이) 속에 있다고 가정한다. 불멸의 존재, 즉 천체와 영혼의 불멸성을 연결시키는 것은 끊임없는 이 운동이다. 윤회는 영혼의 영원성 또는 그것의 필요한 결과의 표현이다. 만약 영혼이 불멸이라면, 개인의 죽음인 신체의 파괴 후에도 살아남아야 한다. 영혼은 그러므로 다른 신체에 환생함으로 생존한다.

필로라오스에게 조화는 특히 불멸이다. 그것은 영혼과 신체, 신체 부분들, 그리고 생명체의 전체 부분들의 결합을 보장한다. 조화는 복수성의 일치, 세상의 일치처럼 신체의 일치를 가능하게 한다.

IV
대립의 발견: 헤라클레이토스

　헤라클레이토스(기원전 540-기원전 480)는 우리에게 철학할 것을 명한다. 왜냐하면 사유하는 것은 가장 훌륭한 것이기 때문이며, 지혜는 진리를 이야기하는 것이며, 들으면서 천성에 따라 행동하는 것이기 때문이다. 그래서 기만적인 지혜를 소유한 스승의 거짓되고 잘못된 강연을 더 이상 듣지 말아야 하며, 공통적이고 보편적인 세계와 사유를 위해 특별한 세상과 사유를 버려야 한다. 들을 줄 아는 것은, 들은 것을 이해하고 바보가 되지 않기 위해 지능을 활용하는 것이다.

듣기, 말하기, 그리고 생각하기

　진정한 사유는 듣기와 불가분의 관계이다. 무엇을 들어야 하나? **로고스**(말). "들을 줄 모르는, 말할 줄도 모르는 사람들"[1]과는 반대로 헤라클레이토스는 듣고, 들을 줄 알았다고 전해진다. 그가 들은 것을 우리에게 전달함으로써 그는 **로고**

스의 책임자가 아니게 된다. 헤라클레이토스는 그의 말이 아니라 절대적인 말 앞에서 사라진다.

"내 말이 아니라 절대적인 말을 듣고 나서, 모든 것이 '하나'라는 것을 아는 것이 현명하다."[2] 듣는 것은, 모든 것의 일체를 인정하는 것이다. 이 확신의 뜻은 일체의 의미에 있다. 아치(biós)라는 이름은 삶(bíos)이며, 그것의 "작품은 죽음이다."[3] 단순한 언어적 유희로 보면, 아치라는 일체는 삶과 죽음이라는 두 가지 대립체의 결합이다. 대립체의 결합을 의미하는 일체가 대립되지 않는 것은 아니다.

대 립

대립은 사물의 중심에 있다. "모든 것은 사라지고 아무것도 남지 않기"[4] 때문이다: 모든 것은 되어진다. 대립은 이해와 되기의 말하기를 가능하게 한다. 그것의 본질 때문에 언어는 굳어진다. 고정된 상태의 연속이 아니면 운동, 전이를 말하는 것은 불가능하다. 헤라클레이토스는 대립을 인정하면서 이 어려움을 교묘하게 피한다.

---

1) J. -P. 뒤몽 편, 《소크라테스 이전의 학파》, 〈플레이아드〉 전집, 갈리마르, 1988, B 19.
2) *Ibid.*, B 50.
3) *Ibid.*, B 48.
4) *op. cit.*, A 6.

"우리는 같은 강으로 들어가고, 그리고 들어가지 않는다; 우리는 존재하고, 그리고 존재하지 않는다."[5] 여기에서 대립은 들어가다라는 인간 행위의 부정이며 인정이다. 존재하고 존재하지 않는 것 사이의 다른 대립이 이어진다. 변형과 생성이라는 이 두 가지 대립은 되기의 이중적 의미를 이해하기 위해 필요하다. 동질성과 차별성의 대립은 변형을 설명하고, '존재'와 '무존재'의 대립은 생성(삶과 죽음)을 설명한다. 또한 대립으로 결합과 분리, 그리고 변형의 과정이 설명된다.

다른 한편으로 강은 밀물의 이미지이다. 강은 어떤 때는 천천히, 어떤 때는 빠르게 흐른다. 결코 쉬는 적이 없으며, 비와 눈의 녹음으로 불어나고, 여름의 열기로 건조되어 줄어든다. 이렇게 계절에 따라 변화한다. 강은 빠르고 느린, 증가와 감소의 운동을 나타낸다. 또한 강은 변형하는 동시에 움직인다. 그러나 변형하고 항상 다른 것이 되는 그것은 필연적으로 같은 것이다. 차이점은 동일성과의 관계에서만 의미가 있다. 스카만드로스라는 이 강은 느리고 빠른 유량을 나타내며, 불어나거나 줄어들고, 범람하거나 전혀 그렇지 않으며, 바다까지 흘러간다. 강물은 결코 동일하지 않다. 강은 부단한 유동성과 비영속성의 상징이지만, 그것으로 그것들을 이해할 수는 없다. 그래서 헤라클레이토스는 강의 동일성과 차이를 주장한다.

---

5) *op. cit.*, B 49a.

분리와 결합

헤라클레이토스는 그 구성을 설명하기 위해, '그것이 어떤지'를 말하기 위해, 분리로써 각 사물의 본질을 밝힌 사람이다. 분리는 대립체가 드러나는 작업이다. 그러나 분리는 결합의 작업과 불가분의 관계이다. 대립체의 결합은 사물 자체의 일치이다. 왜냐하면 각 사물의 본질은 하나이기 때문이다. 그러나 분리하는 것은 분해하는 것이 아니다. 분리와 결합에 의해, 오르막길은 내리막길과 동일한 것처럼 보인다. 다른 것들의 결합은 일치와 동일성으로 구성된다.

일치 또는 하나는 대립체의 결합이다: "신은 낮-밤, 겨울-여름, 전쟁-평화, 포만-허기(…)이다."[6] 신은 대립체들이 함께 서로 관계를 맺은 결합이다: 같음은 다르고, 다름은 같다. 전쟁은 평화이며, 평화는 전쟁이다. 평화의 진실은 전쟁이며, 전쟁의 진실은 평화이다. 하나는 결합을 의미한다. 동질은 아니지만, 하나가 다양성을 제외시키는 것은 아니기 때문이다; 반대로 하나는 다양성을 전제한다.

"(…) 그것은 [불]처럼 다른 것이 된다, 향료에 결합될 때, 그것은 각각의 향료에 따라 명명된다."[7] 불과 향료의 결합은 각각 해리(解離)되어 향료의 다양성을 생산한다. 하나의 분해

---

6) *Ibid.*, B 67.
7) *Idem.*

는 분화를 야기하고, 그로써 다양성이 도출된다. 결합하는 것은 전체를 형성하기 위해 원소들을 함께 놓는 것이다.

"결합은 모든 것이며 아무것도 아니고, 다르고 비슷하며, 협화이며 불협화이고, 모든 것으로 하나이며 하나로 모든 것이 된다."[8]

결합은 분리가 없는 것은 아니다; 그래서 그것은 전체이며 비(非)전체이다. 하나의 다른 것이 되기는 다양성이다: 자체에 다른 것을 포함하기 때문에 하나는 복수가 된다. 자신과의 합치 속에서 비슷하고 협화적인 그것은, 자신과 불일치할 때 달라지고 불협화한다. 동일성-차이, 일치-불일치, 협화-불협화는 하나를 표현하는 결합이다. 하나 그 자체와의 차이, 불협화, 불일치가 있기 때문에 분리의 과정이 있을 수 있다: 복수(만물)는 하나로부터 생성된다. 그러나 합치, 협화, 동일성이 있기 때문에 결합의 과정이 있을 수 있다: 하나는 그래서 복수(만물)에서 태어난다. 이 이중 절차에 의해 만물이 생성되고, 그것들이 전체를 구성한다. 그러나 이렇게 구성된 전체(나무, 말, 또는 인간)는 또한 아무것도 아니다. 왜냐하면 대립체는 항상 현존하기 때문이다. 대립체들은 사라지고(하나의 전체), 결합 속에 사라지지 않는다(비전체).

---

8) *Ibid.*, B 10.

조 화

대립체들의 결합은 대립의 끝을 의미하지는 않는다. 그러나 대립체들의 균형 또는 견제인 그것의 중화(中和)이다. 이런 중화는 활과 리라의 작업 속에서 볼 수 있다. 활의 긴장은 줄의 팽창으로 보장된다. 그리고 활이 조준을 위해 팽팽해졌을 때 둥근 원을 만들기 위해, 줄은 활의 구부러진 곡선과는 반대로 팽팽하게 당겨진다. 이는 줄의 팽창으로 얻어지는 조화이다. 리라와 활은 조화의 모델이다. 이것이 아폴론이 출생시 요구한 두 가지 특성임을 주지하는 것도 유용하다. 아폴론은 죽음과 삶의 신이다: 멀리서 쏘는 사수, 그리고 치료하는 신이다. 이로써 그는 결코 끝나지 않는 불일치의 신적인 상징이다. 대립체들은 그것들을 결합하고 조화를 이루어낼 세번째 시기에 사라진다. 조화는 반대로 불일치의 유지로만 가능하다.

대립(antizoun)은 차이와 다툼(불일치) 또는 분쟁을 의미한다. 다른 것들에서 생성된 가장 아름다운 조화에 필요한 대립은 결코 해결되지 않을 것이다. 조화는 대립체들간의 균형과 긴장이다. "다른 것은 자기 자신과 일치한다."[9] 자신과의 일치, 즉 자신과의 동일시는 자신과 다르다는 것이다. 동일성과 차이에서, 협화와 불협화에서 조화가 이루어진다.

---

9) *Ibid.*, B 51.

조화로운 긴장 속에 힘들이 끊임없이 균형을 이루기 위해서는, 대립체들의 끝없는 투쟁이 필요하다. 자연, 존재들의 구성은 분쟁적인 미결 대립의 관계이다. 진정한 조화가 그런 것처럼, 숨기를 좋아하는 각 존재의 본질은 보이지 않는다. 만약 현시적인 자연이 자신과 동일하고 동등하다면, 표면적인 조화는 평온이며 평화이다. 역으로 비표면적인 조화는 각 사물 자체의 본질이며, 항상 실제적인 내부의 대립에서 귀결된 긴장이다. 이는 만물이 다툼에 의해 발생되고 요구되며, 갈등의 보호하에 있기 때문이다.

갈등: 만물의 왕이며 아버지

불일치의 존재는 존재물들과 우주의 중심에 있는 대립체들의 갈등 관계, 즉 대립에 기인한다.

"갈등은 만물의 왕이며 아버지이다."[10] 갈등은 생산자이며 통치자이다: 그것이 원칙이다. 사물의 본질이 대립이라면, 그것은 이 사물이 갈등을 원칙으로 삼기 때문이다. 아버지로서의 갈등은 사물들의 구성 대립의 이유이다. 왕으로서 그것은 대립의 유지, 그것의 비용해의 원인이다.

"갈등은 공통적이며, 다툼은 정의이고, 만물은 다툼에 의해 요구되고 생성된다는 것을 알아야 한다."[11] 다툼에는 갈등

---

10) *Ibid.*, B 53.

과 같은 생산적이고 불가피한 기능이 있다. 갈등의 보편성은 다툼의 정의를 의미한다. 어떤 것도 다툼과 정의의 동일성이라는 명목하에 갈등이나 정의를 피해 갈 수 없다. 이 동질성은 다툼이 정당하고, 정의는 다툼이라는 것을 의미한다: 갈등은 정의롭게 지배한다. 헤라클레이토스는 갈등(폴레모스, polémos), 다툼(에리스, éris), 그리고 정의(디케, dikè)라는 세 가지 개념으로 동일성을 주장한다.

다툼은 정의이다

갈등은 긍정적인 다툼, 즉 헤시오도스의 작품 《노동과 나날》에서 좋은 **에리스**를 의미한다. 그것의 긍정적인 특성은 생산 행위(이 행위는 만물을 생산한다)와 정의의 동일성에 존재한다. 디케는 정의와 규칙을 의미한다. 그러므로 되기의 정의와 조절을 보장한다. 되기는 다툼의 결과이기 때문에 정당하고, 조절되었다. 다툼 없이 되기는 없으며, 정의 없이 정돈된 되기는 없다. 만약 다툼이 정의라면, 그것은 다툼이 인간의 법이 양식으로 삼는 신법의 지평에서 사유되기 때문이다. 법은 되기의 '합리성'의 표현이다. 사물들은 아무것이나, 아무렇게나 되지 않는다. 되기는 혼돈 상태가 아니다. 마찬가지로 신의 법이 되기를 명령하고, 인간의 법들은 도시의 질서

---

11) *Ibid.*, B 80.

를 바로잡는다. 질서는 법 없이 이루어지지 않는다. 왜냐하면 질서는 규칙, 즉 규칙성을 의미하기 때문이다. 인간의 질서는 우주의 질서의 산물이고, 신의 법에서 인간의 법칙들이 생성되었지만, 인간들이 정의의 진정한 의미를 잘못 생각할 수 있다는 것을 배제할 수 없다.

대부분 다툼에서 생성된 필요한 모든 사물들은 옳지 않다. 모든 다툼이 정의는 아니기 때문에 정의는 보편적이지 않다. 아리스토텔레스에 따르면, 헤라클레이토스는 호메로스가 "인간들에게서처럼 신들의 다툼이 소멸되기를"이라고 말한 것을 비난했다.[12]

호메로스는 되기의 정의와 필요성인, 다툼의 정의와 필요성을 이해하지 못했다. 그가 대립체의 일치를 고려하지 않기 때문에, 그는 그것에서 유래된 역학과 공존의 필요성을 인식하지 못했다. 그래서 다툼은 그에게 부조리한 것으로 보여진다.

단지 "신에게 만물은 아름답고 좋으며 정당하지만, 인간들이 어떤 것들은 부당하다고, 다른 것들은 정당하다고 말한다."[13] 부적절한 식별력을 가진 인간들은 만물의 아름다움, 선함, 그리고 정의를 파악하지 못했다. 인간들은 진정한 조화를 알지 못한 채 결합되어야 하는 것을 분리하고, 분리되어야 하는 것은 합친다.

여기에 그것의 본질(존재들이 있다는 것)이 아니라, 존재(그

---

12) 호메로스, 《일리아드》, 18, 107.
13) *op. cit.*, B 102.

것의 가치)에 대한 판단이라는 문제가 있다. 가치 판단은 사실 판단과 구별된다. 가치의 관점에서 대립은 존재하지 않는다. 선과 악, 착함과 나쁨, 추함과 멋짐은 신이나 우주의 계획에 적당하지 않은 인간적인 대립이다. 그래서 병은 불쾌하고 나쁘며, 건강은 좋고 유쾌하게 만든다. 사물의 판단은 대립체의 판단에 달려 있다. 헤라클레이토스는 배고픔이 유쾌한 동시에 불쾌하고, 좋고 나쁘다고, 달리 말하면 대립 가치의 결합이라고 인정하지 않는다. 피곤이 휴식을 유쾌하게 만드는 것처럼, 허기가 포만감을 유쾌하게 만든다.

가치 판단은 두 사물이나 두 가지 상태 사이의 대립 관계에서만 의미가 있다: 만약 이것이 좋다면 저것은 나쁘다. 건강의 가치는 병의 가치와 관계가 있다. 모든 가치 판단은 상대 판단이다.

그러나 신에게 만물은 하나이며, 이 하나는 대립되지 않는다. 만물을 포용하는 우주나 신의 시각은, 헤라클레이토스처럼 **로고스**를 들을 수 있는 그, 시선이 부분적이지도 편파적이지도 않은 그에게 접근할 수 있는 탐미주의적인 시각이다. 하나는 멋지고 좋고 정당하며, 복수가 못생겼고 나쁘고 부당하기 때문이 아니다. 인간들은 하나를 해체하고, 그것을 모을 수 없는 복수성으로 분열시킨다. 일체를 생각하는 잘못된 방식이 있는 것처럼 대립을 생각하는 그릇된 방식이 있다. 왜냐하면 (하나가 둘이 되는) 분열의 과정에서 발견되는 대립은 (둘이 하나가 되는) 모으기의 과정에서 형성된 무(無)결합은 아니기 때문이다.

만물의 운영

다툼의 지배는 번개의 지배와 이성의 지배를 동반한다: "번개는 만물을 지배한다"[14]; "이성은 만물을 이용해 만물을 인도한다."[15] 번개와 이성의 지배는 지휘 권력과 닮아 있다. 번개와 이성은 키잡이가 그의 배의 방향을 잡듯 만물에 한 방향을 제시한다. 벼락은 제우스의 상징이다; 그것은 또한 불의 상징이기도 하다. 불, 번개, 이성의 동일성이 다툼, 분쟁, 정의의 동일성과 일치한다는 삼중의 동일성이 확인되었다.

분쟁과 다툼처럼 불과 번개는 동의어이다. 반대로 이성과 정의는 과도한 결정을 가져온다. 불은 이성으로 결정되고, 다툼은 정의로 결정된다. 불의 진리는 '이성'이며, 다툼의 그것은 '정의'이다. 첫번째 것은 방향을, 두번째 것은 기원과 만물의 지배를 의미한다. 불과 이성의 동일성을 이해하기 위해서는 헤라클레이토스가 불과 되기 사이에 확립해 놓은 관계를 미리 분석해야 한다.

"인간도 신도 모든 사람들에게 동일한 세상을 만들어 주지는 않았지만, 그것은 정도에 따라 켜지고 꺼지는 언제나 살아 있는 불이었고, 지금도 그렇고 미래에도 그러할 것이다."[16]

---

14) *Ibid*., B 64.
15) *Ibid*., B 41.

헤라클레이토스는 불과 세상의 동일성을 제시한다. 불은 세상 속에 있는 것이 아니라 세상이다. 불의 변화의 장소보다 더, 세상은 끊임없는 변화로 살아간다. 세상은 변화이고 변형이며 준엄한 되기일 뿐이다. 그것들로 세상이 살고, 항상 살아가도록 보장받는다. 세상의 삶은 불의 삶과 혼동된다. 그것들은 동일한 현실 속에 결합된다. 왜냐하면 생은 되기를 의미하며, 끊임없이 되는 것은 불이다. 그것은 삶에 필요한 열기이며, 태양의 열기는 성장의 이유이고, 몸의 열기는 동물의 삶의 조건이며 신호이다. 불은 그것의 근원이므로 변형을 이끈다.

"물이 되기 위한 땅의 죽음, 공기가 되기 위한 물의 죽음, 불이 되기 위한 공기의 죽음, 그리고 그 반대"[17] 땅 → 물 → 공기 → 불 그리고 불 → 공기 → 물 → 땅. 이런 이중 과정은 원을 형성한다: 땅에서 불로, 불에서 땅으로. 변형의 사이클이 있다. '시작과 끝은 원의 둘레 위에서 공통적이'[18]기 때문이다. 원형적 변형은 과정의 단절을 비켜 간다. 그래서 "과정은 변형되는 동시에 정지한다."[19] 그것의 변형은 불이 잔존하기 때문에 가능하다. 단지 그뿐, 더 이상의 변형은 없을 것이다. 이는 더 나아가 저편에 항상 그것의 변형이 존재한다는 것을 의미한다.

---

16) *Ibid.*, B 30.
17) *Ibid.*, B 76.
18) *Ibid.*, B 103.
19) *Ibid.*, B 84.

'불 대신 만물, 만물 대신 불.'[20] 불에 대한 만물의 교환은 불의 출현을 의미한다. 역으로, 만물에 대한 불의 교환은 그것의 소멸을 뜻한다. 교환은 출현이며, 불의 소멸이다. 사물들이 금으로, 금이 사물로 귀착되는 것처럼 불은 만물로, 만물은 불로 귀착된다. 그러나 교환은 변형이기 때문에 출현이나 절대 소멸이 문제가 아니다. 분쟁이 보편적인 대립을 의미한다면 이런 교환과 변형의 이중 과정은 불가능할 것이다. 실제로 존재와 비존재의 대립이라는 이름으로 교환이 가능하다. 마찬가지로 동일성과 차이의 대립으로 변형이 가능하다. 한편으로 불은 그 자체와 동일하게 변형(그래서 그것은 출발점과 도착점이 될 수 있다)되고, 다른 한편으로 다르게 된다(공기가 된다). '그래서 만물을 소생시키는'[21] 계절의 굴레와 비견되는, 변화의 규칙적인 사이클에 따라, 즉 공기에 따라 소멸되고 활성화되면서 불은 변화를 주도한다.

불은 조절 원칙이거나 또는 더 정확히 말하자면 자동 조절된다. 그래서 이성으로서 불의 의미가 밝혀진다. 불-이성은 만물이라는 수단으로 만물을, 즉 변형을 제어한다. 불의 변형 조절은 이성이라는 이름을, 분쟁은 정의라는 이름을 갖는다.

정의는 갈등 속에 항상 현존하며, 이성은 조절되고 무제한적인 변형 속에 있다. 만약 불이 이성이고 분쟁이 정의라면, 그것은 되기가 항구적인 존속을 확보하고, 삶이 결코 중단되

---

20) *Ibid.*, B 90.
21) *Ibid.*, B 100.

지 않으며, 결국 세상이 항상 현존하기, 즉 자존하기 위함이다. 왜냐하면 창조에 대한 사유는 고립될 수 없고, 불멸이기 때문이다. 끊임없이 새로워지는 불의 변형 과정과 결코 해결되지 않는 분쟁은 영원의 보증이다.

분쟁-정의의 지배와 부성은 불-이성에 '만물을 심판하고 파악할'[22] 만물의 지도(指導)를 보장한다. 불은 불로 귀착되는 만물을 파악하고 심판하는 지휘 권력을 행사한다. 각각의 사물에게 불의 심판은 죽음이다. 모두에게 다가올 것은 죽음이다. 만약 불의 결과물이 죽음이라면, 그것은 결과물이 또한 삶이기 때문이다. 불은 명령하며 만물을 위해 삶과 죽음을 이끈다. 왜냐하면 삶과 죽음은 동일하기 때문이다: 삶의 진실은 죽음이고, 죽음의 진실이 삶이다.

"살아 있는 것과 죽음은 하나이고 같은 것이며, 깨어 있는 것과 잠든 것, 그리고 젊은 것과 늙은 것은 같은 것이다; 왜냐하면 반전된 이 사물들은 바로 그것들이고, 반전된 저것들은 이것들이기 때문이다."[23]

살아 있는 것은 죽음으로 전이되고, 죽음은 살아 있는 것으로 옮겨진다. 이것이 하나, 그리고 같은 것, 결합과 동일성의 의미이다; 이것이 되기의 법칙이다. 이체(異體)는 그것의

---

22) *Ibid.*, B 66.
23) *Ibid.*, B 88.

다른 것과 같게 된다. 죽음은 차별화되지만 삶과 조화를 이룬다. 만약 죽음이 삶과 일치한다면, 그것은 살아 있는 그가 죽을 것이기 때문이다. 삶과 죽음은 존재와 비존재의 대립처럼 이해되는 되기의 표현이다. 이런 대립은 삶을 의미한다: "우리는 존재하고 존재하지 않는다."

그러나 다가올 삶은 이미 죽었다. "(…) 그것들은 태어날 죽음의 일부분인 아이들을 남긴다."[24] 죽음은 태어날 아이, 아직 존재하지 않은 이 살아 있는 것 속에 등장한다. 아직 존재하지 않는, 그리고 더 이상 존재하지 않는 것은 하나이다: 삶의 미래는 죽음의 과거이다. (그 반대는 사실이 아니다; 이는 재-탄생의 가능성을 전제한다.) 시간에 대해 말하자면 시간은 영원한 유년기이며, 시간의 우위는 아동의 그것과 비슷하다.

"시간은 체스보드의 졸(卒)을 앞으로 전진시키면서 노는 아이이다: 한 아이의 우위."[25] 그것은 삶이라는 체스보드 위에 졸들을 전진시키면서, 그 자신은 늙지 않으며 늙게 만드는 그것이다. 우리가 시간과 함께 또는 시간에 맞서 경기할 때, 체커놀이처럼 차례로 우리를 잡게 될 한정된 수의 졸을 갖게 된다.

시간의 유희는 탄생과 죽음의, 그것들의 무상성(목적의 부재)과 그것들의 순수성(가치의 부재)의 유희이다. 시간은 승리를 위해서가 아니라 유희하기 위해서 유희한다. 승리할 것

---

24) *Ibid.*, B 33.
25) *Ibid.*, B 52.

을 보장받은 시간은 얻은 것도 읽을 것도 없지만 끊임없는 (기간도 없고 목적도 없는) 되기의 변혁을 이룬다; 이런 것이 목표 없는 유희이다.

시간의 유희적 지배 아래, 인간에게는 죽음의 상당 부분을 얻음으로써 삶의 상당 부분을 얻는 것만이 남아 있다. 삶의 위대함은 죽음의 위대성에 따라 평가된다. 우리가 죽을 안다면 삶을 영위할 줄도 알 것이다. 삶의 의미는 우리에게 죽음으로 주어진다. 삶은 삶의 망각 속에 존재하는, 살아 있으며 죽어 있는, 즉 잠들어 있는 것과 비슷한 죽을 사람들에게는 죽음이다. 그러나 죽음은 **로고스**를 듣는 사람들, '가장 훌륭한' 불멸의 존재들에게는 삶이다.

우리 삶의 의미는 우리에게 달려 있다. 왜냐하면 '인간의 성격은 그의 운명이기'[26] 때문이다. 성격은 우리들의 특성의 총체이며, 세상에서 행동하는 능력을 이끌어 내는 기질이다. 우리의 가치와 우리의 탁월성의 척도인 그것은 우리를 개별화시킨다. 우리의 삶은 이 능력, 이 행동의 힘으로 규정된다. 우리의 성격은 우리의 삶 또는 우리의 운명을 만들어 낸다. 그것은 우리에게 저런 삶 말고 이런 삶을 마련해 준다. 우리의 운명은 바로 이 방향에 있다. 삶과 죽음의 관계는 성격 속에 짜여진다. 만약 운명(moïra)과 삶이 하나라면, 호메로스가 원하는 것처럼 그것은 살아 있는 우리가, 시간이 우리의 마지막 졸을 잡을 때 고갈될 시간의 일부만을 갖고 있기 때문

---

26) *Ibid.*, B 119.

이다.

시간의 유희는 삶과 죽음의 대립의 유희이다. 시간의 우세는, 되기에 영속성을 보장하는 결코 해결되지 않는 대립의 우세이다. 헤라클레이토스의 세상은 유희에 의해 지배된다. 왜냐하면 그것은 무상성의 세계이기 때문이다. 즉 모든 정당화, 모든 목적의 부재, 즉 한 단어로 순수성이기 때문이다.

연속적인 변형으로 사는, '제우스라는 이름으로 불리길 원하지 않고 부르기를 원하는'[27] 전형적인 의미의 이 살아 있는 불은 **코스모스**라는 이름을 갖는, 가장 아름다운 배열이라는 무상의 지배를 보장한다.

이런 신적인 무상성은, 불(火)가에서 헤라클레이토스가 몸을 따뜻하게 하는 것을 보고 들어가기를 주저하는 방문객들에게, 그가 지적하기를 원했던 바로 그것이다: "이곳에도 신들이 존재합니다."[28]

인간들은 일상성 속에서 부딪히게 되는 것으로부터 돌아선다. 존재들의 친밀함은 그들을 숨기고, 그들을 이방인으로 만든다. 친밀함이 숨기는 그것은 인간들이 머무는 바로 그것, 그것으로부터 그들이 존재하는 그것, 즉 불이다. 신들은 여기서 항상 존재를 보장하는 불이다. 왜냐하면 그것이 존재하게 하는 것이기 때문이다. 세상은 유희와 무상성의 결과이다. 그러나 유희에는 정의와 절제라는 두 단어로 집약되는

---

27) *Ibid.*, B 32.
28) 아리스토텔레스, 《동물의 신체 부분》, A, 5, 645a 17.

규칙이 있다.

  그런 이유로 **우브리스**(hubris; 무절제)는 절대 세상을 얻을 수 없다. 조화와 대립의 파괴자로서 무절제는 다른 것에 대한 대립체의 승리를 의미할 것이다. 그러나 이런 승리는 불가능하다. 왜냐하면 그것은 시간의 패배, 즉 '어린아이'의 우위를 유지하는 우주의 균형의 끝을 의미하기 때문이다.

V
존재의 발견: 엘레아학파

 플라톤에 의하면, 존경할 만하고 무서운 아버지 파르메니데스(기원전 515-기원전 445)는 "존재가 무엇인가?"라는 결정적인 철학적 질문을 던진다. 이 질문은 존재를 논하기 위해서 언어의 다양한 가능성에 대해 자문할 것을 명한다. 파르메니데스는 시라는 형태로, 현존하다(to éon)라는 단어의 형성을 우리에게 설명한다. 세 가지 구문의 형태는 to éon의 출현에 필요한 세 가지 단계와도 같다. 그것들은 esti(est: 현재 3인칭 단수), einai(étre: 동사원형), éon(étant: 현재분사)이다. 마지막이며, 늦은 그러나 피할 수 없는, 그래서 스스로 생각하는 유일한 현존의 출현까지, 이 단계들은 파르메니데스의 시의 운율을 맞춘다. 그러므로 이런 다양한 형태의 점진적인 출현은 존재 개념의 풍요화에 해당한다.

 이 발견 과정의 시기에 '존재하다'는 것은 더 이상 '되기'를 의미하지는 않는다. 존재와 운동의 관계는 깨졌다. 그러나 그렇다고 해서 운동이 문제시되었던 것은 아니다. 파르메니데스의 후계자인 제논이 그것을 문제시한다. 존재를 생각하려는 필요성은 그것의 결과일 뿐인 이동-운동과 복수성을 고려한 불가능성으로 바뀐다.

존재로의 접근: 길

파르메니데스는 시라는 형태로, 무명의 여신에 의해 밝혀지고, 신성한 지위를 가진 언어를 우리에게 선사한다. 파르메니데스는 그렇다고 해서 시인들의 방식으로, 영감을 얻은 인간으로 자신을 소개하지는 않는다. 알고자 하는 욕망의 실현의 상징인 여행의 시기에, 시의 주인공은 그에게 진정한 앎뿐만 아니라 수많은 것들의 습관적인 담화, 즉 공통 의견을 그에게 전달하는 그것을 만난다. 듣기를 전제한 이런 전이는 질문과 대답의 유희처럼 소개된다. 이 유희에서 어떤 의미로는 플라톤이 사유라고 부르게 될 그것과의 영혼의 대화를 예견해서, 질문하는 여신은 또한 그것에 대답하는 자이다.

그 여신이 자신을 만나러 오는 그에게 건네는 실용적인 담론은 다음과 같다:

"너는 만물에 대해 질문해야 한다: 한편으로 설득력 있는 진실에 대한 전율 없는 마음에 대해, 다른 한편으로 참된 신념이 없는 죽을 사람들의 의견에 대해."[1]

탐구의 첫단계를 실행하기 위해서, 두 가지 길이 제시된다.

그 중의 하나만이 탐구를 끝까지 진행시킬 수 있다. 이 길들은 생각해야 할 것에 이르게 하는 연구법이다. 그것들은 그 자체로 연관되고 분리할 수 없는 두 가지 발화를 결합시키는 언어 장소이다. 그 첫번째는 '있다'와 존재하지 않다는 없다. 두번째는 "'있지 않다'와 존재하지 않다이어야 한다."[2]

'있다'라는 발화는 시작 발언이다. 왜냐하면 바로 그것을 통해서만이 존재를 생각할 수 있기 때문이다. 이 담화의 단계에서, 있는 것은 현존이다. 왜냐하면 '있다'라는 함축적인 주제가 현존일 수 있기 때문이 아니라, '있다'는 것을 우리가 인정하지 않는다면 우리는 결코 현존을 만날 수 없기 때문이다. 실제로 생각하는 것이 우선 존재의 사실을 생각하는 것이라면, '있다'의 긍정은 사유의 조건이다. 첫번째 길의 두번째 발화는 존재하지 않는다는 사실이 모든 현실성을 상실했음을 지적한다. 거부된 이 사실은 무조건 부정된다: "존재하지 않는 것은 있지 않다." 이런 부인은 "존재하기는 있다"라는 시의 6.1구라는 주장으로 변형될 것이다. 이 발화는 어쨌든 대립된 사실의 부정, 절대적인 거부로부터 가능할 뿐이다.

연구의 첫번째 두 길은 존재하지 않다라는 불가능성을 각각 다르게 말한다. 첫번째 길에서 그것은 간단히 부인되었고, 두번째에서 그것은 일종의 의무처럼 이해된다. 그래서 이것은 그것을 발화한 길을 거부하게 된다. 두번째 길은 사실 막

---

1) J. -P. 뒤몽 편, 《소크라테스 이전의 학파》, 〈플레이아드〉 전집, 갈리마르, 1988, 1, 28-30.
2) *Ibid.*, 2, 3 그리고 5.

다른 길이다. 왜냐하면 비현존으로 인도되기 때문이다. 또한 그것은 '접근할 수 없다,' 그리고 형언할 수 없다. 이는 이 길을 따르므로 사유는 생각하다라는 그의 사명을 수행할 수 없다는 것을 의미한다.

존재하지 않는 것을 생각할 수 없다. 왜냐하면 비현존은 어떤 방법으로 존재함을 가정하기 때문이다. 그것을 말하므로, 그것을 생각하므로 그것을 통해 현실까지 인정할 수 있다. 게다가 파르메니데스에 따르면, 비현존은 존재하지 않는 절대 방법이다. 이런 절대 특징은 두번째 발화에서 형식화되었고, 그곳에서 존재하지 않음의 의무가 확인되었다. 이런 의무는 그때부터 존재하지 않음이 불가능하다는 것을 받아들일 수 없다. 비현존을 알 수 있는 것, 두번째 길을 파악하게 하는 것은 제시된 즉시 거부된다: 비현존은 인지될 수 없다. 이 연구 방법은 실패이다. 이것은 불가능한 지식으로 이어지는 '존재하지 않다,' 그리고 '그것은 존재하지 않는다고 강요되는 것이다' 라는 명제들을 제공한다.

그러므로 그것은 첫번째 길을 따라야 한다. 첫번째 길의 말씀을 인정하면서 우리는 생각될 수 있는 유일한 것, 즉 현존으로 인도된다. 한쪽은 현존, 다른 한쪽은 비현존이라는 두 길은 상호 배타적 관계 속에 있다. 만약 첫번째 길을 따른다면 두번째 길로부터 멀어질 수밖에 없다. 비현존을 알 수 없고 생각할 수 없기 때문이다. "같은 것은 생각하고 존재하는 것이기 때문에"[3] 그렇다. 존재하는 것과 생각하는 것은 분리될 수 없다. 모든 차이의 부정 속에, 같은 것은 모든 구별이 사라지는 동일성이다. 그러나 생각하다는 단지 존재하는 것을 생각하는 것만을 의미하지는 않는다. 존재한다는 사실과 생각한다는 행위의 이 동일성은 존재하는 것과 생각되는 것, 즉 현존이라는 또 다른 동일성으로 이어진다. 현존은 사유이다. 그래서 그것의 조건이다: "왜냐하면 사고가 표현된 현존 없이, 너는 사유를 찾을 수 없기 때문이다."[4]

사유는 이렇게 현존이라고 말하는 것이다. 이 발화와 이 사유는 현존의 전개 장소이다; 그곳에 존재하는 것을 나타내는 수많은 기호들이 있다.

현존의 표현들

현존은 존재론적 단편이라고도 불리는 단편 8에 게시된 전체 수식어들 속에 표현된다.

"현존, 그것은 생성되지도 파멸하지도 않으며, 전체이고 유일하며, 전율도 끝도 없다. 그것은 결코 있지도 않았고, 있지도 않을 것이다. 왜냐하면 그것은 지금 있으며, 전체이고 하나이며, 계속되기 때문이다. (…) 또한 그것은 전체이며 동질이기 때문에 나눌 수도 없다. (…) 더구나 거대한 관계의 경계에

---

3) *Ibid.*, 3.
4) *Ibid.*, 8, 35-36.

서 부동이기 때문에 그것은 시작도 끝도 없다. (…) 같은 것이고 같은 것 속에 머물러, 그것은 스스로 존재한다."

우리는 이 수식어들이 서로 연결되어 있음을 알 수 있다. 이 연결은 예시의 기능을 갖는다. 왜냐하면 어떤 것들은 다른 것들을 증명하기 위해 사용되기 때문이다. 그것이 전체라는 것을 확인하면서 우리는 현존이 분리될 수 없다는 것을 인정해야 한다. 마찬가지로 그것이 부동이라는 것이 확인되므로 그것은 시작도 끝도 없다.

모순 관계와는 별도로 그것은 어쨌든 진정한 추론에 호소하는 또 다른 유형의 예시이다. 심플리키우스는 탄생의 불가능성의 예시를 우리에게 남겨두었다. 이 불가능성은 현존의 이해에 결정적인 역할을 담당한다. 비생성이 현존의 다른 표현들보다 우세하지는 않지만 그것은 적어도 출발점이며, 그렇지 않으면 필요하고, 적어도 다른 표현들의 논리화에 유용하다. 더 나아가, 후에 우리가 보게 되겠지만 그것은 시간의 범주 밖의 현존을 생각할 때 결정적인 논증이 된다.

이 예시는 다음과 같다:

"너는 그것에서 어떤 기원을 찾니? 그것이 어떻게 어디에서 발달하였을까? 나는 네가 그것이 비현존으로부터 왔다고 생각하고 말하는 것을 용납하지 않겠다. 왜냐하면 '있지 않다'를 생각하고 말하는 것은 불가능하기 때문이다. 무(無)에서 출발해서, 어떤 의무가 그 이전보다는 더 나중에 그것이 탄생하도록 부추기는가? (…) 이 주제에 대한 결정은 '있다' 또는 '있지 않다'에 존재한다. 게다가 필요에 따라 그것은 생각할 수 없고, 명명할 수 없는 하나를 남기기로 결정되었다. 왜냐하면 그것은 진정한 길이 아니기 때문이다. 그래서 존재하고, 옳은 것은 바로 다른 것이다. 현존은 앞으로 어떻게 될 것인가? 어떻게 그것은 생성될 수 있겠는가? 왜냐하면 그것이 생성되면 그것은 없고, 또한 미래에 있어야 하기 때문이다. 이렇게 조사 이외에 파괴와 생성이 이루어지게 된다."[5]

파르메니데스는 태어난 것은 시간 속에 있으며 죽을 것이라는, 탄생과 시간 사이의 본질적인 관계를 밝힌다. 태어나고 죽는 것은 분리될 수 없다. 태어난 모든 것에게 그것은 없었던 순간이며, 더 이상 없을 순간이다. 그래서 우리는 "있지 않다"라고 주장해야 한다. 현존을 위해 탄생과 죽음을 인정하는 것은 두번째 길로 나아가는 것이다. 게다가 이 두번째 길은 어쩔 수 없이 우리를 비현존으로 이끈다. 더 나아가 탄생의 이유 또는 '의무'를 찾아야 한다. 아무것도 아닌 것에서 어떻게 탄생할 수 있는가? 비현존의 사유와 무관하게 탄생을 이해하는 것은 불가능하다. 그러나 비현존에서 현존으로의 통로는 존재하지 않으며, 현존에서 비현존으로의 통로도 없다.

현존은 존재하기 시작할 수 없고, 존재하는 것을 중지할 수 없다. 왜냐하면 현존은 존재의 충만함, 절대적이고 항구적인

---

5) *Ibid.*, 8, 6–21.

있음이기 때문이다. 왜냐하면 연속적이고 계속되는 이 있음에 의해 현존에게 과거도 미래도 없다. "왜냐하면 그것은 지금이니까," 즉 이미 항상 존재하기 때문이다. '영구히' 계속되면서 그것은 시간 밖에 있다. 왜냐하면 그것을 시간화하는 것은 그것을 무화시키는 것이기 때문이다. 지금은 다른 어떤 순간도 계승되지 않는 유일한 순간이다. 과거도 미래도 없는, 현존은 동질(그것 자신과 비슷하다)이며 유일하고 연속된다. 자신과의 단일성, 계속성, 그리고 동일성은 현존이 시간 밖에 존재하는 이유이다——왜냐하면 시간은 연속성을 내포하기 때문이다. 그것은 전도 후도 없는 순간에 위치한다.

모든 시간의 과정과는 별도로, 시작도 끝도 없는 현존은 부동이며 변화가 없다. 그래서 그것은 항상 자신의 정체성과 동일성을 간직한다. 완전히 둥근 구형(求刑)의 더미에 비해 그것은 자신과 구별되지 않으며, 자신 안에 그리고 같은 것 속에 존재한다. 이미지는 되기와 불가분의 관계인 완전과 완결, 즉 충만함의 사고를 나타낸다. 왜냐하면 되기란 다른 것이 되기, 변형되기이기 때문이다.

현존이 되기를 의미하지는 않지만, 그것이 되고 탄생하고 죽는 사물들이 없음을 의미하지는 않는다. 출현과 소멸은 그것들의 운명이며, 순간성은 그것들의 조건이다. 그래서 그것들은 참으로 있는 것이 아니다. 사물들은 보여지고, 이어서 시선을 피해 간다. 그것들은 완전 고독을 선고받았다. 그리고 그것들의 있음은 순간적이다. 이런 불안전하고, 항구적으로 무상하며, 결국 덧없는 조건은 모든 살아 있는 존재들의 그것이다. 그래서 우리는 인생을 별도로 운동과 시간이라고 생각할 수 있다. 그러나 우리에게는 사실 대신 사실임직한 담론을 확립할 수 있는 가능성이 남아 있다.

존재, 진리, 그리고 개연성

파르메니데스에 의하면 크세노파네스와는 반대로, 참의 기준이 존재하기 때문에 앎과 의견은 구별될 수 있다. 이 구별은 결정의 결과이다. 즉 '있다'와 '있지 않다' 사이의 필요한 분리의 결과이다.

'있다'를 선택함으로써 크세노파네스는 부재를 확인하는 기준을 마련한다. 모든 발화는 '있다'로 증명되거나, 또는 ──거의 같은 것인── '있지 않다'로 무효화된다. "현존은 생성되었다"라는 발화는 거짓이다. 왜냐하면 그것은 비현존의 존재를 스스로 인정하게 되는, "현존은 있지 않다"라는 다른 발화를 내포하기 때문이다. 같은 논증은 현존의 각 표현들을 위해 반복될 수 있다.

만약 그것이 자신과 전적으로 동일하다면 그것은 그의 다른 것, 비현존과 완전히 다르다. 동일성은 차이의 부정에서 얻어진다: 같은 것은 다른 것의 관점에서만 동일하다. 현존은 자신과 동일하다. 왜냐하면 근본적으로 그것은 비현존이라는 자신의 다른 것과 다르기 때문이다. 이는 비현존의 '아니다'를 표현하는 바로 그것이다. 신의 담론의 처음에 제시된 그것의 불가능성은 현존의 필요성의 이면이다.

필요성과 진리는 현존의 발언 속에 삽입되어 있다. "현존은 부동이다"라는 발화에 의해 현존의 필요한 부동성이 표현되고, 이 발화는 "현존이 있다"를 내포하기 때문에 참이다. 그래서 진리는 현존의 진리이다. 왜냐하면 되기의 사물들은 있고(출현하고), 없기(사라진다) 때문에 우리는 '있다'라는 기준을 빼앗겼다. 그러므로 이 주제에 가능한 유일한 담화는 알기의 담화가 아니라 의견의 담화이다. 파르메니데스의 여신이 제자에게 건네는 말의 의미가 그것이다:

"이제 너를 위한 사실의 담화와 진리에 대한 나의 생각을 마친다. 이제부터 유한자의 의견을 배워라. (…) 나는 유한자들의 어떤 관점도 결코 너를 추월할 수 없도록 세상의 개연적인 모든 질서를 너에게 말한다."[6]

존재론적인 모든 현실을 빼앗기고, 되기는 명목적인 현실밖에 갖지 않는다. 명명은 되기에서 사유가 현존에 있다는 것이다.

되는 것은 있고 그리고 없다라고 인정하는 유한자들은 이것을 이해하지 못했다. 이 혼합은 의미가 없다. ("모두에게 길은 회귀한다."[7]) 왜냐하면 사유하기 위해서는, 방황하지 않기 위

---

6) *Ibid.*, 8, 50-65.
7) *Ibid.*, 6, 9.

해 선택해야 하기 때문이다. 유한자들에 의해 '조작된' 길은 "비존재들은 있다"라는 '불굴의' 확신으로 이어진다.

이 발화는 혼돈과 동시에 구별에서 유래한다. 있다와 있지 않다는 동일하고 다르다. 게다가 파르메니데스에 따르면, 동일성과 상이성은 "있지 않은 것은 있다"와 같은 불가능한 발화를 생산할 만큼 절대적이다.

존재나 비존재가 아니라 출현과 소멸, 즉 이런 구별을 이끌어 내지는 못하지만 진실임직할 유한자들의 담론에 따라, 거짓이 아닐 담론 속에서 고려할 수 있는 바로 그것이 있다. 유동적인 시간적 다원성에 대한 가능한 이 담론은, 시간의 귀속성이라는 명목하에 이 다원성이 가지지 못한 존재론적인 입지를 그것에 부여하는 유한자들의 과오를 수정할 수 있는 합당한 담론이다.

현존의 언어가 다른 모든 것들과 배타적이지만, 그것들의 복합성 속에 헤매지 않기 위해 검토해 보아야 할 다른 담론들이 있다. 그것들을 검토하는 것은, 현존의 의미에서 수리(受理) 가능성과 타당성을 시험하는 것이다. 그것은 또한 제논(기원전 500-기원전 430)이 관심을 갖게 될 그것이기도 하다.

파르메니데스는 운동이 모든 이타성과 모든 왜곡으로부터 안전지대에 있는 현존과 양립할 수 없다고 주장한다. 제논은 운동학설 주장자들에게 해결 불가능한 모순을 제시한다. 참된 생각하며-말하기가 존재한다면 그것은 현존의 그것이다, 그래서 운동과 같은 사물들의 복수성은 생각할 수 없는 것으로 밝혀진다.

제기된 복수성과 운동

플라톤의 증언에 따르면, 제논은 자신의 주장에 결정적인 논거를 접목시킴으로써 그의 스승의 가르침을 계승한다. (제논이 단지 한 권의 저서만을 남긴 것이 사실이지만, 이 한 권의 저서의 한계 내에.) 그것은 한편으로 복수성의 현실을, 다른 한편으로 운동의 현실을 문제시하는 것이다——이 두 질문들은 긴밀하게 연결되어 있다. 복수성이 없는 운동은 없는 듯하다.

복수성을 인정할 때 반드시 제기되는 모순들을 밝히는 것이 관건이다. 우선 다양한 사물들이 어떤 크기를 갖는다는 것, 즉 그것들이 측정될 수 있다는 것을 인지할 필요가 있다. 왜냐하면 크기, 두께, 무게가 없는 것은 존재하지 않기 때문이다.

"존재하는 것은 필시 크기, 두께, 무게를 갖게 되고, 다른 것과 일정한 간격을 유지한다. 동일한 이론이 그 이전에 존재하던 것에도 적용된다. 왜냐하면 크기를 갖게 될 그것은 또한 그 이전의 어떤 것을 갖게 될 것이기 때문이다. 그것을 한번 말하는 것과 그것을 항상 말하는 것은 같은 것이다. 왜냐하면 그것 안의 아무것도 그런 극단은 아닐 것이며, 다른 존재는 그것 옆에 있지 않을 것이기 때문이다. 이렇듯 다양한 사물들이 있다면, 그것들이 동시에 작고 클 필요가 있다. 작은 그것들은 어떤 크기도 갖고 있지 않지만, 큰 그것들은 무한하다."[8]

제논의 추론은 다음과 같다: 모든 사물은 하나의 크기를 갖는다. 왜냐하면 그것이 존재 조건이기 때문이다. 게다가 모든 크기는 어떤 위치 측정, 즉 장소에서의 위치를 전제한다. 그러므로 모든 사물은 다른 것과의 (각 사물에 상응하는) 상대적인 위치를 갖게 되고, 이는 무한정이다. 이 일련의 위치에는 극단의 한계는 없다. 항상 무엇인가가 있고, 어떤 다른 것 옆에는 아무것도 없는 것은 아니다: 복수성은 이타성과 불가분의 관계에 있다. 각기 다른 위치를 점함으로써 사물들이 다수가 되기 위해, 한 사물은 다른 것과 차별화되어야 한다. 각 사물은 하나의 크기를 가지기 때문에 그것은 무한이다.

예시의 중심은 모든 크기가 반드시 무한이라는 것이 아니라, 최종적으로 무의 불가능성에 근거한 무한을 크기로부터 연역한다는 것이다. 왜냐하면 항상 다른 것의 옆에——즉 지정학적으로——무엇인가가 있어야 하고, 각 사물은 인접하기 때문이다. 그리고 인접성은 가득한 '공간'을 전제한다. 전체에 상응하는 그것은, 이번에는 그것들이 모두를 구성하는 그것의 각 부분에 해당한다. 그래서 **장소에 따른 복수성의 무한의 존재**로부터 각 크기의 무한이 유래한다.

게다가 모든 존재하는 것은 한 장소에 위치하기 때문에, 그 장소가 존재하기 위해서는 그것이 한 장소에 스스로 존재해

---

8) 심플리키우스, 《아리스토텔레스의 자연학에 대한 주해》, 140, 34.

야 하고, 이는 무제한적이다. 장소를 위한 한 장소가 있어야 한다면, 장소의 장소의 장소 등이 있다. 무제한의 이 역행은 이론상 유일한 장소의 존재를 불가능하게 만든다. 그러므로 장소는 있지 않다. 더 나아가 장소에 있는 것은 없다. 다양성은 사유되기 위해 크기의 개념을, 그 결과 장소의 개념을 필요로 한다. 복수성을 위한 '존재하다'는 '~와 비교해서' 그리고 '그 안에 있다'를 의미한다; 그것은 한 자리를 차지하고 근접한다는 것이다. 장소의 존재의 부정은 이런 의미를 무효화시킨다. 그리고 그것을 통해 어려움을, 아니면 다양성을 생각하는 불가능성을 명백히 밝혀 준다.

"사물의 다양성이 존재한다면, 사물이 그 이상도 그 이하도 아닌, 존재하는 만큼 존재해야 할 필요가 있다. 그래서 만약 그것이 존재하는 만큼 존재한다면, 그것은 제한될 것이다. 만약 사물이 다양하다면, 그것은 무제한이다. 왜냐하면 있는 사물들 사이에, 그리고 또한 그것들 사이의 다른 사물들이 항상 존재하기 때문이다. 그리고 이렇게 사물들은 무제한이다."[9]

여기서 무제한은 사물들 사이의 빈 간격의 불가능성에서 유추된다. 각 사물은 항상 다른 사물로 구분된다: 한 사물의 한계는 그것의 다른 것이다. 이렇게 우리는 이전의, 그러나 다른 형태의 논거를 발견한다.

---

9) *Ibid.*, 140, 27.

무제한은 다른 것을 명시한다. 사실 모든 사물은 한 장소를 차지하지 때문에 그 크기로 인해서, 그리고 아무것도 없는 빈 장소는 없기 때문에──다른 사물들 사이에 모든 사물은 항상 존재하기 때문에──사물들의 무제한의 양의 존재가 필요하다. 장소에 따른 무제한은 수적인 무제한을 내포한다. 그러나 제논의 논증의 초기에, 그는 무제한이 불가능하다는 이론을 세운다. 추론은 다음과 같다: 있는 만큼의 사물들이 있다. 달리 말하면 사물은 그것보다 그 이상도 그 이하일 수도 없으므로 그 자신과 양적으로 동일하다. 최고와 최저는 정해진 양을 할당할 수 없는 상대이다. 그것은 우발적이며, 그 자체로 모든 척도를 비켜 간다. 그것은 무제한의 옆에 있다: 그래서 수량화될 수 있는 것, 즉 양을 정할 수 있는 그것은 하나의 수를 갖고, 그 결과 한정적이다. 복수성은 그러므로 한정적이다.

여기서 복수성의 존재는 모순이다: 사물은 수적으로 제한되고, 동시에 무제한이다. 이 추론은 부조리에 의해 한 증거로 제시된다. 그것은 또한 **타드밀**(tας de mil; 조의 더미)의 논리를 보여 준다. 복수성이 단위로 구성되어 있지만, 그것의 유사성으로 인식될 수 있는 조의 낟알 한 부아소[약 13리터들이 말]는 단위의 총합이다. 낟알의 1천분의 10과 낟알 사이에는 한 낟알과 한 말의 동일한 관계가 존재한다. 그 결과 "조의 말이 소리를 내면, 조와 1천분의 10의 조도 소리를 낼 것이다."[10]

---

10) *Ibid.*, 1108, 18.

문제된 전체와 그 부분들이 무엇이든 전체에 대한 부분의 관계는 동일하다. 그리고 전체——여기서 낟알의 더미——가 떨어지면서 소리를 낸다면 각 부분의 각각, 즉 낟알 또한 소리를 낸다. 그리고 낟알이 소리를 낸다면 한 부분, 즉 미세한 그것은 떨어지면서 소리를 낼 것이다. 전체에 의해 생성된 소리는 그것의 각 부분에 의해 생성된 소리만큼으로 나뉜다. 그런데 1천분의 10의 낟알이 떨어지는 소리를 들을 수 없기 때문에 부조리하다.

그 자체도 분할할 수 있는 단위의 분할 가능한 전체라는 개념은 감각에 의한 인식을 무의미하게 만든다. 그것을 감지할 수는 없지만 그래도 존재한다. 있다와 감지하다의 합치는 불가능한 것으로 판명된다.

분할 가능성은 복수성과 불가분의 관계이다. 그리고 이 경우 분할의 시기는 없다. 현존의 한계에서 경계에 위치하고 하나의 최극단을 갖는 복수성의 무(無)경계처럼, 분할 가능성은 부정적으로 파르메니데스의 현존의 나눌 수 없는 완성된 전체 특성을 반추한다. 더구나 그것의 한계는 그것의 부동성과 무관하지 않다.

운동과 장소

다양한 사물은 크기를 갖기 때문에 우리가 살펴본 것처럼 그것은 한 장소에 위치한다. 모든 사물이 움직인다고 인정된다면, 그것은 한 장소에서 움직인다. 게다가 "움직여진 것은 그것이 있는 장소에서나 그것이 없는 장소에서도 움직이지 않는다."[11] 그것이 움직일 수 있는 장소가 없다면, 그것은 움직이지 않는다. 사물이 있는 장소에서 그 사물이 움직이는 것은 왜 불가능한가? 모든 사물은 그 크기에 따라 한 장소, 한 위치를 차지한다.

이렇게 "모든 것이 움직이는 중이거나 휴식중이어야 하지만, 이동하는 발사체는 그 이동 동안 휴지 상태에 있다; 그러나 항상 자신과 동일한 것은 움직이지 않는다. 그때 그것은 휴식 중이다."[12]

이때 장소에 따른 자신의 정체성, 즉 크기의 동일성은 움직임과 양립되지 않는다는 것을 보여 주는 것이 관건이다. 장소는 항상 그것과 동일한 크기로 점유된 자리이다. 한 사물에게는 증가도 감소도 없기 때문이다. 자신과의 동일성으로, 제논은 움직임의 부재를 추론한다. 우리는 한 장소에서 움직일 수 없다: '한 장소에 있다'는 '고정되고 확고부동하다'를 의미한다. 그것에 두 가지 이유가 있다. 첫번째는 크기와 장소 사이의 엄격한 동등성이다. 두번째는 이동, 즉 장소의 변화 같은 운동의 정의 그 자체이다.

---

11) 디오게네스 라에르티오스, 《생애》, IX, 72.
12) 심플리키우스, *op. cit.*, 1015, 19.

운동하기 위해서는, 아직 없는 장소에 도달하기 위해 있는 장소를 떠나야 한다. 아직 없는 장소로 더 이상 있지 않을 장소를 떠난다. 화살이 장소 1에 있는 한. 그것은 그곳에 머문다. 그곳에 머물면서 그것은 휴식중이다. 물론 그것은 장소 2에 있지 않다; 그래서 그것은 이 장소로 움직일 수 없다. 한 장소에서 다른 장소로의 전이는 '있다'에서 '더 이상 없다'로의, '없다'에서 아직 '있다'로의 전이이다. 그래서 국부적인 운동은 필히 시간의 고찰을 내포한다.

운동과 시간

"이동하는 것은 항상 지금 매 순간 자신과 동일하다. (…) 이동하는 발사체는 모든 지금 순간에 자신과 동일하고 항상 그렇다. 자신과 동일한 지금에 있는 것은 움직이지 않는다. 왜냐하면 아무것도 지금 순간에는 움직이지 않기 때문이다. 움직이지 않는 것은 휴지(休止)중이다. 왜냐하면 모든 것은 움직이거나 휴지중이기 때문이다. 그래서 이동하는 발사체는 이동하는 동안, 그 이동하는 모든 시간 동안 휴지중이다."[13]

지금 매 순간, 즉 현재의 매 순간에 국부적인 한 위치가 상응한다. 지금 매 순간은 줄 위의 각 점이 그런 것처럼 인접한

---

13) *Ibid.*, 1011, 19.

다. 위치의 합으로서의 이동은 지금의 합인 지속을 갖는다. 지금은 일부분이거나 항상 동일한 시간의 합치이다. 아무것도 한 순간을 다른 것과 구별짓지 않는다. 왜냐하면 매 순간은 동일한 내용, 즉 동체에 의해 장소에 점유된 자리의 동일성으로 특징지어지기 때문이다. 발사체가 한 장소에서 움직일 수 없는 것과 마찬가지로 그것은 현 순간에 움직일 수 없다. 운동을 생각하기 위해 요구된 시간과 장소는 실제로 혼란과 모순의 원천이라는 것이 밝혀진다.

한 사물은 이동의 모든 시간 동안 휴지 상태이다. 왜냐하면 동체의 크기의 동일성은 시간의 각 부분에 해당하기 때문이다. 고려된 시간의 순간이 무엇이든 동체는 휴지기에 있다. 국부적인 자리가 매 순간에 상응한다면, 발사체는 한 자리에서 다른 것으로 **지나가**지 않는다――지속성이 없다――그것은 한 자리에 이어서 다른 위치에, 그리고 항상 같은 순간에 **있다**. 그래서 그것은 운동을 불가능하게 만드는 점유된 자리와 시간의 동일성이다. 휴지는 동일성 안에서의 항구성과 자신과의 동등성이다.

모순은 명백하다; 모든 동체는 시간 속에 움직인다. 그러나 그것은 현재 움직이지 않으며, 현재는 동체의 크기와 위치의 동일성, 즉 모든 이동의 불가능성을 전제한다. 운동의 흐름은 시간의 흐름과 불가분의 관계이다. 게다가 매 순간은 동일성을 전제하기 때문에, 그것은 항구성을 전제한다. 그것은 엄밀하게 말하자면 지금 아무 일도 일어나지 않는다는 것, 또는 모든 전이의 사유를 불가능하게 만드는 자신과의 항구적인 동일성의 상태를 의미한다.

시간은 부분들로 구성된, 즉 분할할 수 있는, 즉 지금의 복수성으로서의 크기임을 가정하며, 제논은 분할이 운동과 시간과 필연적으로 양립할 수 없음을 보여 준다. 분할할 수 있는 것은 지속적인 것이 분할할 수 없는 것처럼 계속될 수 없다. 그것이 바로 파르메니데스의 현존이다.

만약 지속성과 분할 가능성을 함께 고려하려 한다면, 운동의 모든 사유가 불가능함을 밝히는 어려움에 부딪히게 된다. 예를 들어 한 경주자는 목표를 달성하기 전에 코스의 중간에 도달해야 한다: 그는 결코 결승점을 넘어가지는 않을 것이다. 움직이는 모든 동체는 일련의 위치에 있다. 그러나 두 자리나 한 선 위의 두 점 사이에는 항상 끊임없이 그것의 중앙에 다른 점을 위치시키는 것이 가능하다: 동체는 그래서 결승점에 도달하기 위해 무한의 점들을 통과해야 한다. 아리스토텔레스가 '이분법'이라고 부른 이 '역설(paradoxe)'은 공간 지속성의 부조리한 결과를 보여 준다. 모든 지속이 항상 분할 가능한 부분들로 나누어지기 때문에 모든 간격은 넘어설 수 없는 것으로 밝혀진다.

그만큼 부조리한 또 다른 결과는 '아쉴〔'토끼와 거북'의 우화에서 토끼〕'이라는 다른 역설에 나타난다. 거북이 다음에 떠난 토끼는 결코 거북이를 다시 만나지 않을 것이다. 왜냐하면 우선 거북이가 출발한 지점에 도달해야 하기 때문이고, 그곳에 도달하면 그는 거북이가 거쳐 갔던 새로운 지점에 이르게 되기 때문이다. 그래서 가장 느린 것을 앞서게 하더라도,

가장 빠른 것은 결코 느린 것을 따라잡을 수 없을 것이다. 왜냐하면 토끼가 거북이의 출발점에 이르는 동안, 같은 순간에 거북이는 다른 지점에 다다르기 때문이다. 이렇게 무한정 계속된다. 이것은 논리적으로 가능하다. 시간의 단위는 토끼와 거북이에게 동일하기 때문이다. 즉 지금이기 때문이다. 그곳에는 다른 것보다 더 빠른 동체가 있을 수 없다. 그들은 지금이라는 같은 순간에 이동하기 때문이다. 운동의 사유가 부딪히게 되는 것은 바로 느림과 빠름이라는 양의 관점에서 고려된, 현재 시간의 동일성이기 때문이다. 빠르거나 느린 운동이 있다면, 그것은 바로 짧고 긴 순간이 없기 때문이다. 속력은 그래서 생각할 수 없다.

이것은 네번째 역설인 '스타디움'이 상이하게 보여 주는 것이다. 각각 네 가지 '체(體)'를 구성하는 A, B, C 세 열을 고려해 보자. 스타디움의 중앙에 위치한 A열은 부동이다; B열은 C열과 반대 방향으로 A열 앞을 지나간다. 하나의 B가 하나의 A 앞을 지나가는 데 걸리는 시간은 하나의 C가 걸리는 시간과 동일하다: 그래서 그것들은 같은 속도로 이동한다. 이어서 B가 2A 앞을 지나갈 때, 그것은 4C 앞을 같은 순간에 지나갈 것이다. 결론은 "시간의 절반은 2배와 동일하다."[14] 운동의 양(속도)을 생각하기 위한 시간과 장소의 관계(주어진 시간에서 동체는 이런 간격을 확보한다)는 결과로 시간의 양에 관한 부조리를 갖게 된다. 이어서 시간의 양이 운동의 양을

---

14) *Ibid.*, 240a 1.

측정할 수 있게 하지는 않는다. 장소, 운동, 그리고 시간을 각각 또는 함께 생각한다면 결과는 항상 역설적이다. 운동과 시간의 존재와 같은 복수성의 존재는 감각의 증언에 근거한다. 그러나 지각의 대상은 사유의 대상이 아니다.

전체(olon)는 현존에 따라서 동질성이나 일치가 아니라 복수성을 의미하기 때문에 다른 부분으로 나뉜다. 분열 가능성은 이렇듯 복수성의 조건 그 자체로 나타난다. 역설적으로 이 존재론적인 조건은 복수성을 불가해한 것으로 만든다. 왜냐하면 이 조건은 이성에 근접할 수 없으며, 근본적으로 '비합리적이기' 때문이다. 분열의 불합리성은 끝없이 퇴행하는 특성에서 유래한다. 이 불합리성은 복수성과 그것이 내포한 그리고 현존이 거부한 운동, 시간, 장소 등에 파급된다.

VI
지성의 발견: 아낙사고라스

아낙사고라스(기원전 500-기원전 428)는 밀레토스학파의 우주진화론적 의문들을 되살리며, 파르메니데스의 존재론에 물리적인 답변을 제공하는 동시에 세상과 되기의 형성을 설명한다. 어떻게 세상이 구성되었으며, 그것의 체제는 무엇인가? 아낙사고라스는 질서, 즉 **노우스(NOÛS)** 또는 지성을 설명하기 위해 지식과 행위의 원리를 도출시키는 질문들에 대답하려 할 것이다.

우주 혼합

지구 이전의 초기 상태는 혼돈의 상태이다: "모든 사물들은 전체이다."[1] 사물의 다양성으로 구성된 혼합이라는 본원적인 전체는 사물간의 모든 차이의 부재를 의미하지는 않으며, 반

---

1) 심플리키우스, 《아리스토텔레스의 자연학에 대한 주해》, 155, 26.

대로 차이의 융합 또는 결합을 의미한다. 그래서 혼합은 다원적인 전체이지 하나가 아니다. 그것은 바로 혼합의 풍요로움을 만드는 동시에, 현실의 잡동사니들을 설명하게 하는 사물의 다양성이며 다채로움이다. 한 사물이 다른 사물이 아니라는 이타성 없이는 다양성이 존재하지 않는다. 혼합은 그 부분들이나 비율이 같은 본질이라는 의미에서 동질이다. 그러나 그것들을 구성하는 것은 아니다. 복수성이 어떤 일치가 아니기 때문에 혼합은 서로 다름의 장소이다: "다른 사물들의 어떤 것도 다른 어떤 것과도 비슷하지 않다."[2] 서로 다름은 복수의 전체 조건으로 나타난다: "사물들은 이렇게 존재하기 때문에 만물이 모든-전체에 있다는 것을 고려해야 한다."[3]

서로 다름이 지배하는 이 혼합 속에 사물들은 서로 구별되지 않는다. 원래 상태는 일반적인 불분명의 상태이다. 그것은 사물을 식별될 수 없게 만들고, 그것을 모호한 것으로 정의하게 하는 혼합의 조건 그 자체이다. 한 사물이 다른 것에서 구분될 수 없는 것이 모든 차이의 무효화를 의미하지는 않는다. 술에 물을 섞는 큰 잔 안에서 물을 포도주에 섞으면, 물에서 포도주를 식별해 내기가 불가능해질 것이다. 그러나 포도주와 물은 이렇게 제조된 음료의 구성 성분이다. 감지될 수 없을지라도 차이는 존재한다. 그래서 혼합은 동일성의 장소는 아니다.

---

2) *Ibid.*
3) *Ibid.*

혼합은 공기, 에테르(불), 물과 흙, 젖음과 마름, 열기와 냉기, 밝음과 어두움, 긴밀함과 느슨함 등의 특질과 종자가 모아진 합성물이다. 각 종자는 그것에서 독립적으로 존재할 수 없는 모든 특질을 보유한다. 종자들 사이의 차이는 다른 것들에 비해 우세한 어떤 것, 특질의 비율의 차이에서 결과된다. 특질의 조합, 종자는 특질에 따라 무제한적인 양 속에 있다.

만물은 공기와 에테르로 둘러싸여 있다. 왜냐하면 만물은 모든-전체에서 크기에서처럼 양에서 가장 중요한 것이기 때문이다. 그것의 우위는 혼합의 가운데 그것을 감지할 수 있는 가능성을 수반한다. 명백한 그것은 '둘러싸인 다양성'[4]으로 분리된다. 둘러싸는 그것은 동시에 둘러싸인 그것일 수 없다. 혼합은 제1재질로서, 무제한의 그러므로 무궁무진한 저장이다. 처음에 세상과 각 존재의 형성에 관계된 사물들의 전체는 질처럼 양적으로 이미 그곳에 있다. 최초의 혼합은 창세 이후에도 여전히 현존한다. 그러나 그것은 공기와 에테르에 의해 숨겨진다. 그것은 되기의 영속성을 보장하고, 지성의 활동에 의해 계속적으로 자극되는, 항상 여유 있는 수단이다.

되기: 분리, 그리고 구성

되기는 항구적이다; 그것은 또한 분리와 조합의 유희인 끊

---

4) *Ibid.*, 155, 30.

임없는 변형의 유희에 의해 계속된다. 모든 사물이 항상 분리될 수 있지만 절대적인 분리는 존재하지 않음을 고려할 때, 적음에 극단적 한계는 없다. 항상 더 큰 것이 있는 것처럼 "항상 더 작은 것이 존재한다."[5] 분리는 모든 사물이 크기를 갖고 있음을 전제한다. 만약 각 사물이 그 자신과 비교해 작거나 크다면 그것은 더 작은, 더 나아가 미세한 양의 사물들이 있거나, 더 많은 양이 있는 그런 합성물로서이다.

모든 존재는 구성 요소의 다양성이 그것을 비존재로 한정짓는 합성물이다. 그것은 구성 요소 중의 어떤 것들의 무한정한 작음 속에서 고갈되지는 않으며, 분리에서도 고갈되지 않는다. "왜냐하면 있는 것은 비(非)존재의 부정이 아니기 때문이다."[6] 있는 것은 존재하지 않다의 부정으로 이루어지진 않는다. 분리는 끝이 없고, 무한으로의 퇴행은 가능하다. 왜냐하면 한편으로 그것이 있는 것에서 있지 않은 것으로의 축소가 아니기 때문이며, 다른 한편으로 파르메니데스가 인정했던 것처럼 있는 것은 있지 않다만이 행해질 수 있기 때문이다. 있는 것을 나눔으로 비존재가 결코 얻어질 수 없다. 그래서 있는 것의 무한으로의 분할 가능성은 파르메니데스가 생각했던 것과는 반대로, 그것의 파괴라는 결과를 갖게 되지는 않는다.

만약 존재가 동질이라면——파르메니데스가 주장하는 것처럼——그것을 동질이고 나눌 수 있는 부분들로 분할할 수

---

5) *Ibid.*, 164, 16.
6) *Ibid.*

있다. 그것이 유래한 혼합에 따라 각 존재나 각 전체는 동질이다. 분할이나 분리로 얻어진 부분들은 전체와 다르지 않다. 왜냐하면 부분은 동일한 구성을 갖기 때문이다. 전체는 이렇게 유사한 부분으로 무한정 나눌 수 있다. 선택된 부분이 어떻든 그것은 전체와 다른 무작위 부분들과, 동일한 구성 요소들과 구조를 갖는다. 그래서 이것은 다른 부분들, 그리고 전체와 같은 속성을 갖게 될 것이다. 전체의 부분들과의 유사성을 표현하는 개념은 '오메오메르(HOMÉOMÈRE)'(어원학적으로 '유사한 부분')이다.

호메오메르는 단순하고 순수한 요소가 아니다. 물리적인 원소는 더욱 아니다. 이 개념으로 복수성의 조건으로의 차이는 동일성과 일치한다. 차이는 절대적으로 다른 것이 아니다. 왜냐하면 그것은 같은 것의 범위 안에 국한되기 때문이다. 부분들이 발췌된 전체와 다르더라도 그것들은 전체와 동일하다. 아낙사고라스의 무한은 조직의 무한이다. 즉 제논이 입증하게 될 것처럼 수학적인 것이 아니라 물리적인 무한이다. 분리는 물리적인 분할이다. 무한정 작은 것은 "모든 것이 모든 것에 있다"라는 조건이다.

각 존재는, 그렇게 조직되고 동질이고 무제한적인 하나의 전체이다. 최초의 혼합에 따라 구성 요소들의 어떤 무제한성의 끝없는 합성물인 각 사물은 동량(同量)이 아니라 만물에 있다. 그래서 어떤 것들의 양적인 무한의 적음 때문에 모든 구성 요소의 구별이 가능하지 않다.

그리고 만약 "모든 것에 전체의 일부가 있다"면, "큰 것과 작은 것의 부분들은 양적으로 동일하다."[7] 각 사물과 전체의 구성의 균형은 이 동등성을 전제한다. 다른 조합 속의 다른 우위는 주어진 조합 속의 구성 요소의 우위에 응답한다. 한 구성 요소가 더 많은 양을 갖게 되고, 그리고 각 사물이 있는 조직의 올바른 비율이 무너지고, 그래서 사물들의 총체까지 무너지게 된다면, 그것은 각 부분이 다른 부분과 전체에 존재론적으로 연관되어 있기 때문이다: "다른 사물들은 전체의 한 부분에 참여한다."[8] 그래서 각 사물에 무한히 작은, 그리고 무한히 큰 구성 요소의 균등한 양이 있어야 한다. 반대의 경우 균형의 파괴가 오게 되고, 그 결과로 표현상의 모순인 우주적 부조화가 오게 된다.

이 동등성은 다른 것에 비해, 어떤 존재의 차별화의 부재를 의미하지는 않는다. 왜냐하면 우리가 살펴본 것처럼 혼합이 서로 다름의 장소인 동시에 불확실의 장소라면, 세상은 분리의 과정으로 형성된다. 이 과정은 우선 존재들이 구성되면서 서로 구별되는 식별의 과정이다. 혼합의 중심에 있는 서로 다름은 그래서 분리의 조건이다.

이것은 한 사물을 특징짓는 우위를 생산한다. 특수화의 과정, 분리는 보편적인 혼합에서 특별한 혼합으로의 전이이다──그 안에 식물, 광물, 또는 동물류의 어떤 구성 요소들의 우위가 있다. 세상은 혼합의 또는 모든 특수한 것들의 무한

---

7) *Ibid.*, 164, 25.
8) *Ibid.*

한 복수성이다. 처음 혼합인 모든 복수(複數)는 다양한 모든 것으로 분리될 수 있다. 혼합 속의 초기의 다양성은 세상 속의 다양성을 가능하게 한다.

'모든 종류의 형태와 색깔과 맛'[9]을 포함하고 있으므로 특수화의 기원이 되는 것은 바로 종자들이다. 종자들이 혼합으로부터 분리될 때 맛, 색깔, 형태가 나타난다. 종(種)은 그것의 형태, 색깔, 또는 맛으로써 구별된다. 특수화 현상을 의미하므로 한 요소가 주어진 조합 속에 우위를 차지할 만한 가치가 있는 우위의 법칙 없이 분리는 이해될 수 없다. 종자는 이 법칙에 달려 있고, 그것에 의해 혼합은 가능한 삶들의 모든 형태를 그 자체에 지니고 있다.

분리한다는 것은 특수화한다는 것이고, 종자들 속에 느슨한 상태의 구조를 등장시키는 것이다. 특수화는 구조화가 없다는 것은 아니다. 분리의 과정은 혼합이라는 비-구조의 상태에서 세상이라는 조직된 상태로의 전이이다. 그런 의미로 만물은 서로 연결되어 있고, 그 중심 속에 연대된다. 세상의 구성으로 이어지는 초기 혼합인 종자들의 분리는 점진적이고 비폭력적인 추방이거나 외출이다. 분리는 느린 과정이다. 분리한다는 것은 '도끼로' 자르는 것은 아니다; 단절이나 도약이 아니라, 반대로 계속되고 지속적인 과정이 있다. "만물이 초기에 있었기 때문에 그것은 함께 현재이다."[10]

---

9) *Ibid.*
10) *Ibid.*, 164, 25.

최초로 혼합 속에 존재하는 만물의 종자들은 그것들의 종자인 모든 만물 속에 계속 존재한다. 분리는 구별과 특수화를 이루어 낸다. 그러나 어떤 방식으로든 사물의 내용을 변화시키는 것은 아니다. 세상과 그것을 구성하는 전체 만물은 그것들이 유래한 것, 즉 혼합과 비슷하게 잔존한다. 이것은, 비슷한 것은 비슷한 것에서 생성되거나 비슷한 것에 모여진다라는 법칙에 의하여 이루어진다: "같은 종류의 사물들은 서로를 향해 있다."[11] "머리카락이 어떻게 비-머리카락에서 생성되며, 육체가 어떻게 비-육체에서 생겨나는가?"[12]

있는 것은 없는 것에서 생성될 수 있는가? 아낙사고라스는 존재는 비-존재에서 생성되지 않는다라는 파르메니데스의 부정적인 대답을 자신의 것으로 삼는다. 만약 머리카락(존재하는 것)이 비-머리카락(존재하지 않는 것)에서 생기는 것이 아니라면, 그것은 머리카락이 비-머리카락 안에 있지 않기 때문이다. 그러나 합성물들의 형성이 있기 때문에, 서로 다른 사물들의 혼합이기 때문에 한편으로 서로 다름이 비-존재이어서는 안 되고, 다른 한편으로 존재는 존재하지 않다의 부정이어서는 안 된다――대립은 부정이 아니라 다름을 의미한다. 밀집함은 드묾에서, 열기는 냉기에서, 빛남은 어둠에서, 건조는 습기에서, 대립체는 다른 대립체에서 생겨난다; 드묾은 밀집 속에, 온기는 냉기에 존재하기 때문이다. 결합이

---

11) *Ibid.*, 27, 11.
12) 그레구아르 드 나지앙스에게 보내는 연가(宴歌), 26, 911, 미뉴의 그리스 교부선집.

존재하기 때문에 분리가 있다.

모든 것이 모든 것 속에 있기 때문에 비슷함은 비슷함으로부터 생겨난다. 분리의 과정은 비슷함의 지배에서 서로 다름의 지배로의 전이이다. 만약 각 사물——모든 것——이 다른 것과 비슷하다면, 그것은 그것이 다른 사물의 특징을 갖고 있기 때문이다. 이 사물은 우위의 사실과 구별되기 때문에 다르다. 그러나 같은 혼합에서 생겨난 것이기 때문에 동일하다. 이 법칙은 두 다른 것의 필연적 귀결이다: "아무것도 비-존재에서 생겨나지 않는다."[13] 그리고 "모든 것은 모든 것에서 생성된다."[14] 왜냐하면 모든 것이 모든 것과 비슷하기 때문이다. 그리고 비존재를 위한 자리가 없다면, 그것은 비모든 것을 위한 자리가 없기 때문이다. 존재하는 것의 다양성——분할과 뗄 수 없는——은 비존재로 이어지지 않는다.

비존재의 불가능성을 후천적인 것으로 여기며, 아낙사고라스는 보존의 법칙의 범위에서 죽음과 탄생을 다시 생각하여야 했다: "모든 것은 변형되고, 아무것도 없어지지 않는다." 된 것은 생겨나지 않고 죽지도 않지만, 변형된다. 삶의 법칙은 끊임없는 변형의 법칙이다.

되기의 영속성은 지금처럼 처음에 사물들의 동일한 양과, 그리고 조합과 분리의 이중 절차에 근거한다. 세상에는 "만물이 항상 동등하다"는 양적이고 질적인 동등함이 있다. 만물의

---

13) 아리스토텔레스, 《자연학》, I, 4, 187a.
14) 심플리키우스, *op. cit.*, 460, 4.

어떤 구성 요소도 다른 것에 비해 과도하거나 부족하지 않다. 왜냐하면 우리가 살펴본 바와 같이 부분에서 전체로의 연대라는 명목하에, 더 많은 또는 더 적은 불균형은 우주의 불균형을 야기할 것이기 때문이다.

게다가 이런 가능성은 감소를 의미하거나, 또는 반대로 있는 것에 대한 증가를 의미한다. 그러나 증가가 탄생의 동의어인 것처럼 감소는 죽음의 그것이다. 더구나 탄생과 죽음은 불가능하다. 왜냐하면 아무것도 출현하지 않고 사라지지 않기 때문이다. 그러나 만물은 변형되며 그대로 유지된다. 변형의 이 유희는 우주 조직의 균형을 보장하며, 그것의 동질성과 조화를 보증한다.

분리는 그래서 세상의 탄생이 아니라 그것의 형성을 설명한다. 느린 형성의 과정의 결과는 태어난 세상에 대해 부적절하게 말할 수 있을 뿐이다. 그래서 우리는 세상의 출현 현상을 올바르게 이해할 수 없다. 실제로 파르메니데스가 주장하는 것처럼 이것은 이름뿐인 죽음과 탄생에 종속된 사물이 아니라 탄생과 죽음 그 자체이다:

"그리스 사람들은 탄생과 죽음을 올바르게 명명하지 않는다. 왜냐하면 어떤 사물도 생성되거나 소멸되지 않기 때문이다. 그러나 이것은 서로 결합되고 분리된다. 그리고 이렇게 생성은 '결합되었다'라고, 죽음은 '분리되었다'고 올바르게 불린다."[15]

세상 속의 되기는 결합(또는 조합)과 분리의 과정이다. 무효화는 없다; 왜냐하면 되기는 다른 것이 되기이기 때문이다. 있는 것은 불가능한 비-존재로부터 생성되지 않는다. 그래서 항상 있는 것이 아니기 때문에 그것이 구성된 다른 사물들뿐만 아니라 세상은 죽음이라는 비-존재로 돌아가지 않는다. 미래의 영원은 과거의 영원에 근거하지 않는다.

최초 혼합의 무제한적 특성은 세상의 지속이라는 무제한적 특성의 보증이다. 왜냐하면 종자들의 무제한적 양은, 세상의 삶과 세상 속의 삶이——우주적 되기는 세상 속의 되기와 분리할 수 없으므로——시간적으로 무제한이라는 것을 의미하기 때문이다. 절대적 분리가 없기 때문에 분리의 시기는 없다. 사물이 결코 분리되지 않을지라도 항상 합성물들이 있을 것이다. 조직은 되는 모든 것의 존재론적 조건이다. 세상의 형성은 그러므로 점진적이고 계속된다. 즉 항구적이다. 만약 세상이 되기를 끝내지 않는다면 죽을 수 없다.

되기의 항구성은 세상의 항구성의 보증이다. 세상과 동시에 시작되는 되기에 운동이 없는 것은 아니다. 그러나 세상의 과거, 더 정확히 그 형성 이전의 과거는 무동성의 상태이다. 그래서 최초의 혼합에 고유한 휴지로부터 우주의 운동으로 전이된다. 실제로 분리의 과정을 생성하며 되기를 시작하는 것은 바로 운동이다. 그러나 그것은 스스로 생성되어야 한다. 그것의 원인은 **노우스** 또는 지성이다.

---

15) *Ibid.*, 163, 18.

지성, 그리고 세상의 질서

"지성은 전체 속에 순환을 이끈다. 그래서 초기의 순환을 생산한다. 그리고 우선 그것은 작은 것에서부터 순환하기 시작한다. 이어서 그것은 더 순환되며, 더욱더 그러할 것이다."[16]

순환 움직임은 항상 특성들 속에 더 많은 분리를 생산하며 강렬해진다. 또한 속도가 힘을 생산하므로 강화(强化)는 속도와 힘의 강화이다. 그러나 초기의 힘과 속도는 우리 세상에서 우리가 만나게 되는 그것의 무리수이다. 구분은 초기 혼합이 꽉 들어찬 덩어리라고 가정하는 성난 움직임의 결과이다. 이어 초기 순환은 천체, 태양, 그리고 달에게 전달된다.

분리의 강화는 증가하는 복잡화의 필연적 귀결이다. 지구의 형성은 우선 강도, 습기, 냉기와 어둠의 결합이며, 에테르를 향한 그것들의 대립체들의 격리이다. (어떤 특성도 다른 것에서 완전히 분리될 수는 없지만.) 이어서 특성의 분리 과정은 합성물들의 그것에 대체된다:

"물은 구름에서 분리되고, 땅은 물에서, 돌들은 냉기의 결과로 땅으로부터 형성된다. 그것들은 물보다 더 분화된다."[17]

---

16) *Ibid.*, 164, 24.
17) *Ibid.*, 179, 6.

증가하는 복잡화의 이 과정은 그래서 계속적 물리 개념과 불가분의 관계이다.

이 개념은 어쨌든 운동의 기원의 문제와 부딪힌다. 세상과 같은 운동은 존재하기 시작했다. 이런 시작에 대한 사유는 토론거리가 된다. 왜냐하면 그것은 이성의 원리와 상충되기 때문이다. 어떤 이유로 운동이 시작되었는가? 무엇이 세상의 형성을 가능하게 하는 혼합의 동요를 정당화하는가? 이 질문에 대한 대답은 없다. 아낙사고라스의 세상은 헤라클레이토스의 그것보다 더욱 타당한 것 같지는 않다. 지성은 동력원이다. 그것의 동기는 존재하지만, 우리들에게 숨겨져 있다.

그러나 아낙사고라스가 지성의 이름을 이런 원인에 부여한다는 것은 분명 중요하다. 일반적인 의미로 선택된 지성은 행위를 위해 주어진 상황의 의미를 이해하고 생각하는 기능이 있다. 그것은 또한 지식의 중추이거나 기관이다.

질서의 원칙, 아낙사고라스의 지성은 있었던, 지금 있는, 그리고 있게 될 만물을 조직한다. 그것은 운동을 추진시키는 것으로 만족하지 않는다. 왜냐하면 그것은 세상의 중심에서 만물 속, '분리된 그것들 속에서처럼 혼합된 그것 속에서'[18] 지속적이고 현재적인 존재로 계속 작용하기 때문이다.

지성의 행위는 합성되고 감지할 수 있는 존재들을 생산한다. 그것은 지성의 일부분을 보유한 살아 있는 것(동물과 식물)의 성장을 보장한다. 그렇다고 해서 그것이 다른 사물들과

---

18) *Ibid*., 157, 5.

혼합되거나 분산되는 것은 아니다. 반대로 그것은 순수하고 무-혼합이다. 그렇지 않으면 그것은 지배를 전제로 하기 때문에 그것의 지휘 기능은 가능하지 않을 것이다. 게다가 다른 것에 혼합된 것은 그것을 지배할 수 없다. 그래서 절대 주인인 그것은 '스스로 혼자이다.'[19] 원리는 이렇게 낯선 존재 없이 다른 사물들과 분리된다. 그것은 구분되는 동시에 어떤 사물들 속에 있다. 그것의 현존은 사물에서의 합병이다. 왜냐하면 그것은 있는 것과 변별적이기 때문이다.

원리는 조직하는 방식을 지배한다. 그러나 조직은 지식도 없고, 예견도 없는 것은 아니다. 그것은 판단과 식별의 능력이 있고, 과거·현재 그리고 미래를 안다: "그것은 모든 것에 대한 모든 지식을 갖는다."[20]

이 지식은 만물의 방향과 조절을 가능하게 하는 행위의 힘이다. 지성은 그렇다고 해서 실현되도록 미리 결정된 질서에 대한 지식을 갖지 않는 것은 아니다. 그것은 지식을 가져야 하는 최초의 혼합, 주어진 것과 상관 관계가 있다.

혼합에 그것이 직접 개입되지는 않지만, 구분을 가능하게 하기 때문에 질서 확립은 실제로 질서를 잡아야 할 대상을 파악하는 것을 전제한다. 인간의 사건들과는 반대로 물리적 사건들은 예견 가능하고, 그래서 가능한 미래의 지식의 대상이 된다. 있게 될 사물들을 아는 것은, 조직될 것과 분리될 것을

---

19) *Ibid.*, 164, 24.
20) *Ibid.*

아는 것이다. 그 결과 그것은 세상의, 그리고 세상 속의 되기를 아는 것이다. 그러나 이는 반드시 모든 사물을 그것의 특수성으로 인식하는 것은 아니다.

지성에 의해 시작된 과정은 되돌릴 수 없다. 일단 질서가 확립되면, 세상의 지속적인 형성은 지성에 의해 주도된다. 그래서 그것은 어떤 것의 지배를 불가능하게 만들며, 질서를 유지하고 보장한다. "모든 것이 모든 것에서 생성된다"면, 그것은 어떤 질서가 없는 것은 아니기 때문이다. 조직의 원리, 지성은 그래서 조절 원칙이다. 종이 고정되므로 이 조절 질서는 삶의 새로운 형태들의 출현을 금한다. 그리고 세상이 무제한의 시간을 갖고 있기 때문에, 그것의 원리는 그 자체로 시간 속에——"그것은 항상 있다"[21]——그리고 공간 속에 무제한이다——그것은 모든 것의 일부분은 아니다. 그러면 혼합과 원칙의 무제한은 세상들의 복수성을 전제하는 것인가?

아낙사고라스는 이런 가능성을 배제하지는 않는 것 같다. 왜냐하면 그는 우리의 그것과 비슷한 삶을 사는 동물과 사람을 생각하고, 그리고 태양과 달과 그 나머지가 있는 우리의 것과 비슷한 다른 세상을 고려하기 때문이다. "분리의 주제에 대해 내가 말했던 것들은, 우리들뿐만이 아니라 다른 곳에도 분리가 있을 수 있다는 것이다."[22] 이 가능성은 아마도 아낙사고라스가 여러 세상의 생성을 가능하게 하는 우주 현상처

---

21) *Ibid.*, 157, 5.
22) *Ibid.*, 157, 9.

럼 분리를 이해한다는 것을 의미한다. 세상의 복수성은 결정지을 수 없으리라.

인간의 지식

우리는 '언어로도, 행위로도 분리될 수 없는 사물들의 양(量)을 알'[23] 수 없다. 어떤 추론도 어떤 동작도 우리의 능력을 벗어나는 이 양을 파악할 수는 없을 것이다. 인간의 지식 방법들의 제한이 '지성'의 지식의 무제한에 상응한다. 우리의 지식 능력은 지성의 그것과 공동의 척도가 없다.

만약 우리의 지능이 그것의 결함을 밝힌다면, 이해를 돕기 위해 우리가 그것을 부추길 때 감각들은 우리에게 그리 큰 도움이 되지는 못한다. 우리가 변화와 아주 미세한 변형을 식별할 수 없기 때문에, 또 그것들이 자연 속에 있기 때문에, "그것의 약점 때문에 우리는 참된 것을 결정할 수 없다."[24] 우리의 감각을 벗어나는——감지할 수 없는 변화도 존재하기 때문이다.

그러나 크세노파네스에게서 이미 우위를 점유한, 감각들의 관점에서 불신은 배척이며 거부이다. 그것의 단점에도 불구하고 우리가 실제적 전체를 파악할 수 없게 함에도 감각들은

---

23) 심플리키우스, 《아리스토텔레스의 하늘론에 대한 주해》, 608, 23.
24) 섹스투스 엠피리쿠스, 《수학자들에 대한 반론》, VII, 90.

우리에게 유용하다. 보이는 것을 보이지 않는 것과 구별하면서, 우리는 우리가 볼 수 있는 것(존재의 현시적인 구성 요소들)과 우리가 생각할 수 있는 것(그것의 비현시적인 구성 요소들) 사이에 필요한 구별을 행한다.

VII
힘의 발견: 엠페도클레스

 시인이며 철학자, 그리고 아마도 그런 이유로 그의 고유의 표현에 따르면 '불멸의 신'[1]인 기인(奇人) 엠페도클레스(기원전 485-기원전 425)는 그의 친구 파우사니아스에게 그의 세상과 그것을 지배하는 힘의 이해를 설명한다. 그의 선배들처럼 그에게 되기의 끝없는 특성을 고려하는 것이 중요하다. 생성되고 소멸할지라도 세상은 항상 존재하리라고 확인된다. 그러나 세상이 끝이 없다라고 보는 헤라클레이토스와는 반대로, 그는 세상이 '증오'와 '사랑'의 보호 아래 죽음과 탄생의 사이클이라는 점을 주장한다. 그래서 세상의 순환적인 되기는 그것의 항구성의 보증이 된다.

---

1) 디엘스 H. & 프란츠 W., 《소크라테스 이전의 단편들》, B 112.

순환적 되기

 순환에서, 죽음은 항상 부활을 동반한다: 삶과 죽음은 지속적으로 계승된다. 만약 세상이 무효화된다면, 생물학적인 동일 종으로 구별되면서 그것은 항상 그것의 일반적인 조직과 질서에 의해 자신과 동일하게 다시 태어난다. 순환적 귀환은 이런 의미에서 같은 것으로의 귀환이다. 사랑이나 증오 그리고 그것처럼 무한하게, 한 세상은 그것을 지배하고 있는 원리에 의해 처음의 것과 다르지만 동일한 다른 세상으로 이어진다. 그래서 그것은 연속적인 세상의 무한의 복수성이 아니라, 단지 차례로 출현하고 사라지는 명료한 두 세상에 관한 것이다. 이 이중적 출몰 사이에 비-우주적인 두 시간이 있다. 세상의 이중성은 '하나'와 '다수'의 이중성 없이는 가능하지 않을 것이다.

 "나의 담화는 이중적일 것이다. 실제로 '하나'는 '다수'로부터 혼자가 될 때까지 증가하거나, 반대로 '하나'로부터 '다수'가 될 때까지 분리된다. 죽을 존재들의 탄생은 이중적이며, 그것의 소멸도 이중적이다: 왜냐하면 한편으로 만물의 결합은 생성되고 파괴되며, 다른 한편으로 분리되면서 귀환되는 사물들은 발달하고 이어 날아가 버리기 때문이다. 그리고 이 사물들은 결코 계속적으로 변하지 않는다. 어떤 때는 사랑으로 모든 것들은 하나로 모아지고, 반대로 어떤 때는 각각이 독자적으로 적(敵)-증오에 의해 사라져 버린다. 또다시 하나는 분리되고, 다수가 돌출하고, 사물이 되고, 그것의 삶은 안정적이지 않다. 그리고 사물은 계속적으로 변화하기 때문에 이 사물들은 항상 사이클에 따라 부동적이다.[2]

순환은 하나와 다수의 교대, 그리고 다른 것으로부터 하나의 출현으로 특징지어진다. 그러나 이 근원은 생성된 것을 위해 생성되는 것의 점진적인 사라짐을 의미한다. 다수의 죽음은 하나의 탄생이며, 하나의 죽음은 다수의 탄생이다. 절대적인 탄생이 존재하지 않을 뿐만 아니라 절대적 죽음도 없다. 그래서 탄생과 죽음은 말뿐이고, 게다가 관습에 따르는 ——엠페도클레스가 규약에 따라 그것들을 사용하려고 작정했다 하더라도—— 이 표현들이 숨기고 있는 절차의 참된 설명에 부적절하다.

"왜냐하면 '현존이 파괴된다' 는 것이 무효하고 이해할 수 없는 것처럼, 무엇인가가 비-존재에서 태어나는 것이 영원히 불가능하기 때문이다."[3]

죽음은 즉각적이진 않지만 점진적이고, 게다가 그것은 이중의 과정이다. 하나는 복수화되면서, 즉 분리되면서 사라진다.

---

2) *Ibid.*, B 17.
3) *Ibid.*, B 12.

반면 다수는 하나가 되면서 결합되고 사라진다. 출몰의 느린 과정이라는 점을 강조하는 것이 중요하다. 되기는 하나이며, 다수를 향한 하나, 하나를 향한 다수의 두 과정은 같은 세상에서 존재할 수 없다. 하나와 다수의 출몰 과정으로서 되기는 반드시 순환에 의해 구성된다.

순환은 하나 또는 여러 원리의 존재에 의해 고려될 수 있는 규칙성과 질서의 사유를 전제한다. 사랑과 증오라는 대립되고 적대적인 두 동력은 순환적인 되기에서 중요하다. 헤라클레이토스가 주장하는 것처럼 되기는 긴장이 아닌 대립에 기초한다. 왜냐하면 엠페도클레스에 따르면, 다른 것에 대한 대립체의 연속적인 지배가 존재하기 때문이다. 대립체들의 다툼은 그래서 변화되고 완성된다. 영향의 이 다툼에서 각 대립체는 교대로 승자가 된다.

그러나 이 다툼은 지배의 시간을 각 힘에 할당하는 구성 서약에 의해 통치된다. 그래서 그것들의 지배는 세상에 부수적으로 첨부되는 것이 아니다. 하나의 팽창은 다른 것의 행위의 끝을 이룬다. 사랑을 위한 증오의 후퇴라는 계속적 과정이 있고, 반대의 경우도 존재한다. 하나의 쇠퇴는 다른 것의 진보이다. 이 퇴행은 은유적으로 증오가 주변부로 격리됨을 뜻한다. 그래서 사랑은 모든 것의 중심에 선다. 사랑과 증오의 교차적인 팽창은 그것의 힘의 팽창을 의미한다.

증오는 적대감을 의미하는 혐오의 힘이다. 그것의 행위는 분리를 생산해 낸다. 분리되는 것은 다양성과 복수성을 창출해 내면서 차별화된다. 사랑은 차이를 소멸시키는 유혹의 힘이다. 이는 유사성의 점진적인 지배를 확립하고, 증오는 서로 다름의 지배를 인정한다. 각 힘은 점진적이고 연속적으로 작용한다.

이렇게 사랑의 지배하에 세상은 항상 그것에 도달할 때까지 일치를 지향한다. 모든 사물들은 이때 불명료하게 되어 혼합되고 모여진다. 사랑의 지배의 완성은 혼전 결합에 상응한다. 다수성은 **스파이로스**(Sphaïlos; 구형)라고 불리는 부분 없는 전체, 즉 일치에 자리를 넘겨 준다. 자신과의 완전한 동일성에 있는 부동의 그것은 하나이고 신성하다. 일치는 휴지라는 필연적 결과를 갖는다. 휴식중의 구형은——파르메니데스의 시 속에서도 현존하는——완벽의 상징이다. 운동은 다수성과 밀접한 관계가 있다. 그래서 증오의 우주적 지배의 완성은 모든 사물이 구분되고 끊임없이 회오리바람 모양으로 움직이는 순간이다. 이는 완전한 분산의 상태이다. 하나와 다수의 교차는 그래서 휴지와 운동의 그것이다.

순환은 어떤 국면이 처음인지 말할 수 없는 연속적인 네 가지 국면 또는 시기로 구성된다. (마찬가지로 어떤 계절이 처음인지 묻는다.) 각 시기에 한 힘의 특별한 행위가 상응하고, 다른 것의 부수적 후퇴가 따른다.

사랑의 절대적 지배로 특징지어지는 시기 A는 '신'이라 불리는 **스파이로스**의 그것이다. 이것은 '신의 구성원'[4]이라는 동요의 이미지로 표현되는 **스파이로스**의 점진적인 분해가 이

---

4) *Ibid.*, B 31.

루어지는 시기 B, 증오의 지배로 이어진다. 이 우주의 시기는 증오에 의해 지배된 죽을 세상의 탄생을 보게 된다. 모든 사물의 분리가 완료되었을 때, 완전한 분산이 **스파이로스**의 부정적인 짝, 회오리바람의 그것, 시기 C로 이어질 것이다. 증오는 절대적인 주인으로서 그것을 지배한다. 이어 그것은 새로운 세상을 탄생시키는 사랑에 의한 모든 사물의 점진적인 재결합이 된다. 이 세상의 죽음을 인정하며, **스파이로스**가 다시 재구성될 때 시기 D는 끝난다. 사랑은 그래서 그것이 생산한 혼합과 결합한다. 그것은 **스파이로스**와 불가분의 관계가 된다.

아리스토텔레스가 《형이상학》에서 지적한 것처럼 사랑은 증오처럼 세상의 형성과 그것의 파괴의 원인이다. 우주의 두 시기 동안 이 두 힘의 절대적인 지배는 존재하지 않는다. 전제적인 지배가 문제가 아니라 점진적인 헤게모니가 문제이다. 사랑이 증가할 때 증오는 세상에 계속 현존하며, 반대의 경우도 그렇다.

이 네 가지 시기는 끝없이 이어진다. 실제로 힘의 고갈은 있을 수 없다. 힘은 항상 그것의 초기 강도를 유지한다. 왜냐하면 "그것이 예전에 그러하였던 것처럼 항상 그러할 것이며; 내가 생각하기로는 결코 이 두 힘이 고갈되지 않을 것이기"[5] 때문이다.

---

5) *Ibid.*, B 16.

이중 우주 진화론

시기 B의 우주의 형성——증오의 팽창——그리고 D——사랑의 팽창——는 다음과 같이 진행된다. 힘은 물·공기·불 그리고 흙이라는 네 가지 원소를 모으거나 분리한다. 모든 사물의 점진적인 재결합 이전에, 사랑의 팽창(시기 D)이 시작되기 이전에 원소들은 흙·물·공기·불이라는 동질의 네 가지 덩어리로 분리된다. 이 본질적인 덩어리는 회오리바람을 일으키며, 각각 독립적으로 움직인다. 세상의 형성에서 원소의 역할은 제1의 중요성을 갖는다. 왜냐하면 그것은 세상을 포함한 이 신성한 생명체가 살아가는 모든 것의 재질을 구성하기 때문이다. 그래서 원소는 '뿌리' 또는 '원천'으로 불린다.

모든 사물의 뿌리는 신의 형상으로 등장한다: 제우스(불), 헤라(공기), 아이도네우스(흙), 그리고 네스티스(물). 원소들의 신성의 확인 이상으로 이 신화적 인격화는 아마도 신들의 연속적인 세대들을, 원소들이 출현하고 그 자리를 찾는 세상의 점진적인 질서잡기처럼 우리에게 소개하는 헤시오도스의 우주진화론 같은 경쟁적인 다른 우주진화론의 대체물로 엠페도클레스의 우주진화론을 소개하려는 목적이 있는 것 같다.(cf. 《신통기》) 더구나 엠페도클레스의 독창성은, 그를 네 가지 원소 이론의 아버지라고 경의를 표한 아리스토텔레스에 의해 강조되었다.

'뿌리' 그리고 '원천'이라는 용어는 기원과 근간을 표시한

다: 그곳에서 사물들이 유래한다. 뿌리는 더 정확히 식물이 영양을 섭취하고 성장하는 바로 그것이다. 원천은 그곳에서 유래한 것에 부단히 영양을 공급해 주는 시발점이다. 이런 명목하에 원소는 생명의 원천이 된다. 불은 빛과 열기를 가져오고, 물은 어둠과 냉기를, 흙은 사물의 단단하고 긴밀한 특성을 가져온다.

원소는 상통하며 움직인다. 어떤 때는 증오로, 어떤 때는 사랑으로 생성된 역학에 사로잡힌 그것은 '인간과 동물의 다른 종'[6]을 생산하기 위해 변형된다. 우주 형성의 이 시기에 그것은 생산 원인이 된다. 그러나 그것의 생산 방법은 다르다. 그것은 반대의 과정이다. 사랑의 팽창기에 원소는 서로 모여지고, 그것의 혼합에서 "죽게 될 수천의 종들이 쏟아져 나온다."[7] 반대로 증오의 팽창기에는 원소가 죽을 존재들을 생산해 내며 분리된다. 분리나 집합의 과정으로서 그들 사이의 원소 결합은 그것이 생산한 죽게 될 종들이 그런 것처럼 무한하다.

모든 사물의 기원인 원소는 그 자체 기원이 없다. 증오나 사랑의 영향 아래 그것이 겪어야 하고, 이것 또는 저것을 생산하며 분산되고 모여지며 '매번 다른 것'이 되는 다양한 변화 과정중에 원소는 '항상 연속적으로 비슷하게'[8] 잔존한다. 그것의 동일성은 그것의 교환과 상호 혼합에 의해 이루어지

---

6) *Ibid.*, B 35.
7) *Ibid.*, B 35.
8) *Ibid.*, B 17.

지 않는다. 적절하게 표현하자면, 이는 죽을 존재들을 탄생시키기 위해 서로 혼합되는 원소의 부분이나 미립자이기 때문이다.

게다가 분리와 결합의 연속적인 과정은 상실도 획득도 아니다. 반대로 이 과정은 원소라는 이 원천을 보존하게 한다. 보존 원리는 되기라는 영속적인 순환에서 또한 중요하다; 또는 오히려 이 원리는 순환이라는 사고 그 자체와 연결된다. 순환은 연속적 변형체가 항상 결코 고갈되지 않고, 증가하지 않으며, 동일하게 남아 있을 때에만 의미가 있다. 원소의 고갈은 순환의 완료를 의미할 것이다.

자신의 정체성과 동일성, 즉 원소의 부패 부재는 그것이 존재함을 확인할 수 있게 한다. 아낙사고라스가 주장하는 것처럼 그것의 변형의 끊임없는 유희는 보존 법칙의 필연적 결과이다: "아무것도 사라지지 않고, 모든 것이 변형된다." 그러나 엠페도클레스는 제한된 원소의 혼합이라고 인정하는 점에서 아낙사고라스와 멀어진다. 왜냐하면 엠페도클레스에 따르면, 증가는 고갈이나 상실만큼 불가능하기 때문이다. 또한 전체에는 빈 것도 꽉 찬 것도 없기 때문이다. 빈 것의 부재는 전체가 증가하는 것을 허락하지 않는다. 게다가 "무엇이 전체를 증가시키겠는가?" 그리고 "이는 어디에서 유래하는 것인가?"[9]

모든 것의 균형은 증오의 분리력을 조건으로 갖는다. 집합

---

9) *Ibid.*, B 17.

과 분리는 실제로 연결되어 있다. 집합이 가능한 분리가 있고, 분리가 가능한 집합이 있기 때문이다. 사랑은 그것과 정확히 반대의 효과를 생산하는 다른 힘이 있기 때문에 그 힘을 행사한다. 그래서 이 길항 작용은 역학의 원리이며, 세상의 연속적인 형성의 조건 그 자체이다. 이 조절되고 조정된 다툼이 없이, 사랑 또는 증오의 독점적인 존재에 따라 모든 것은 **스파이로스**이거나 회오리바람일 것이다. 이 두 힘과 결합된 행위는, 원소의 항구성에 필요한 것처럼 우주 형성에 필요하다.

사랑과 증오는 되기의 창시자이며, 원동력이다(원소의 분리나 집합). 그래서 사랑은 분산된 원소들을 집결시키기 위해 증오가 지배하는 회오리바람의 중심으로 간다. 마찬가지로 증오는 **스파이로스**를 동요시킨다. 분리처럼 '단번에 이루어지는 것이 아닌'[10] 느린 집합은 생산과 조직의 과정이다.

사랑과 증오는 조직의 힘이다. 그것은 우선 분리와 집합 운동의 창시자로서, 이어서 질서 확립의 기원으로서 그 원리가 된다. 원소는 스스로 조직되지 않으면 힘에 종속된다. 증오와 사랑의 힘의 행사는 원소의 뛰어난 생산성의 조건이다. 다르게 말하면 회오리바람 또는 **스파이로스**라는 상태에 계속적으로 대립되거나 반대하는 이 두 힘의 지배하에 있기 때문에, 원소는 '원천'이나 '뿌리'이다.

실제의 풍요와 잡동사니는 철학자에게 놀람의 근원이다. 네 가지 원소로부터만이 죽을 종들(광물·식물·동물)의 제한된

---

10) *Ibid.*, 35.

수가 출현한다. 이런 식이다. 왜냐하면 증오나 사랑의 보호 아래 (4원소에서 결과된) 근본적인 미립자들의 가능한 조합의 다양성이 있기 때문이다. 이렇게 몇 가지 색깔을 사용하고, 예술로 그것을 혼합하는 이 두 화가들은 나무며 남자, 그리고 인간, 온갖 종류의 동물 등 가능한 모든 것의 다양성을 표현하기에 이른다.

연속적인 두 세상의 전체가 있는 광활한 이 그림 속에서, 원소 중의 하나가 역할을 주도한다. 이 지배는 원소들의 상호적인 동일성을 위배하지는 않는다. 한 원소의 우주적 우위는 무한의 시간 중에 끊임없이 다시 생성되고 소멸하는 세상의 이타성의 징조이다. 이타성과 차이는 순환 과정의 풍요성과 풍부함을 고려하여 우주적 시기를 특징짓는다.

세상뿐만 아니라 순환의 모든 시기에 맞는 중요한 삶의 진정한 의미는 더욱더 이해되지 못한다.

"이 사물들 속의 한 현명한 인간은 그의 사고 속에서 생존하는 동안 그것들의 삶, 즉 그것들이 있는 시간, 그것들의 궁핍과 재산이라고 부르는 것, 죽을 존재들이 모여지기 전과 분리된 후에는 아무것도 아니라는 것을 설명하지 않을 것이다."[11]

대부분의 인간들이 이해하는 삶은 한정된 시간을 전제한다; 모든 죽을 존재는 일단의 삶을 갖게 될 것이다. 실제로 아무

---

11) *Ibid.*, B 15.

것도 아니다. 삶은 반대로 끝없는 결합과 해체의 유희이다. 그래서 삶은 생성과 소멸의 개념을 제외한다. 그것의 개념은 죽을 존재가 사는 동안 이루거나 겪어야 할 것을 더 이상 은폐하지는 않는다. 삶의 현상은 죽을 존재가 이해할 수 있는 것보다 더 복잡하고 더 풍요롭다.

엠페도클레스가 우리에게 제공하는 생명의 형성에 대한 설명은 세상의 탄생의 설명과 연결되어 있다. 이중의 우주진화론에 이중의 동물진화론이 상응한다. 두 단계는 각각의 동물진화론을 위해 구별된다. 사랑의 보호 아래 세상의 형성에 상응하는 첫번째는 다음의 방법으로 실행된다. 첫번째 단계에서, 식물과 동물의 생산은 완전하고 완성되지 않았지만 분리된 부분에서는 흩어져 있고 견고하다. 그래서 목 없는 머리, 어깨 없는 팔, 또는 '이마 없이 헤매는'[12] 눈을 볼 수 있다. 이 다른 부분들은 두번째 단계에서, 사랑이라는 결합의 힘의 증가의 영향으로 결합되어 있다. 그러나 이 결합은 머리가 2개인 귀신들, 인간의 얼굴을 한 소과(科) 또는 반(半)남자 반(半)여자의 창조물들 같은 살 수 있는 동물을 꼭 구현하지는 않았다. 좋은 그것의 가능한 환경에의 적응에 따라 점진적으로 형성된다. 증오에 의해 지배된 우리 세상을 가득 채울 종들과 비슷한, 유일한 그래서 생존할 수 있는 종들은 살아남았다.

증오의 지배에 적당한 동물진화론은 다음과 같이 전개된

---

12) *Ibid.*, B 57.

다. 첫번째 단계는 흙에서, 불의 충동으로, 한 가지 보유자만을 갖는 존재들이 생성된다고 여겨진다. 열기와 물로 만들어진 이 창조물들은 사지(四肢)와 성(性)이 없다. 그것은 아직 한 조각이다. 왜냐하면 이 첫번째 단계에서, 원소 속에 있는 사랑은 가능한 한 계속 결합된 상태로 유지되기 때문이다. 그렇지만 두번째 단계에서, 그것은 부단히 분리의 과정을 이어가는 증오의 팽창을 더 이상 견뎌낼 수 없다. 이렇게 한 조각으로 형성된 존재들은 사지와 성을 표출시키며 분산된다. 그래서 비슷한 것에 의한 비슷한 것의 생산, 그것 자체로부터 존재들의 생산이 이루어진다. 엠페도클레스는 그의 친구 파우사니아스를, 이 세상 속의 '집결'(첫번째 단계), 그리고 '탄생한 것의 전개'(두번째 단계)[13]를 보자고 초대한다.

그러나 분리의 과정은 항상 더 절박해지고, 우리 세상은 필연적으로 사라지게 된다. 두번째 분리에서 생성된 존재들의 사지는 계속 '서로 각각 떨어지고 그것의 운명을 따라간다.'[14] 그러나 지금 사랑과 호의는 여전히 현존하며, 하르퓌아[새의 몸에 여자 얼굴을 한 괴물로 폭풍과 죽음을 다스린다]가 '저주를 내리러 우리'[15]에게 오기 전에, 이 세상을 끝내 버리기 전에 완전한 분리로부터 세상을 보호한다.

우리 세상의 끝은 '불건전한 필요성'[16]에 의해 암시된 제약

---

13) 《스트라스부르의 파피루스》, a (i) 30i.
14) *Ibid.*, d 1.
15) *Ibid.*, d 4.
16) *Ibid.*, d 2.

의 결과이다. 증오와 사랑의 교차는 '참을 수 없는'[17] 그러나 어쩔 수 없는 필요성이다.

만약 교차가 순환을 지배한다면, 그리고 그래서 어떤 때는 증오로, 어떤 때는 사랑으로 조절된 되기가 스스로 필요하다면, 특별히 '우연'을 위한 자리가 있는 듯하다. 예를 들어 육체가 형성되는 것은 바로 특별한 양 속에 다른 원소들과 함께 섞여 있는 흙의 우발적인 만남에 의해서이다. 어떤 혼합은 이렇게 우연적 만남의 결과이다. 생물(生物)의 형성에서 우연의 몫은, 인간의 머리를 한 이 소처럼 자연 속에 한순간 현존하는 미완성을 설명한다.

우연은 게다가 더듬어 보기라고 불릴 수 있고 힘의 점진적인 팽창의 필연적 귀결인 그것, 즉 생명 탄생의 느린 변화를 고려해 볼 수 있게 된다. 원소들간의 만남은 사랑이라는 유일한 지배하에 욕망이라는 원인을 갖는다. 욕망은 우연처럼 원소들의 즉각적 결합에 대립된다: '갑작스럽게가 아니라 원해서.'[18] 이 욕망은 물에 이어 불에 흙을 혼합하거나 생성된 존재들과 조화를 이루는 아프로디테의 특성 아래 사랑에 의해 조절된다. 조화의 생산은 그래서 사랑의 행위가 될 것이다.

세 가지 원인은 우연, 욕망, 그리고 사랑이라는 원소들의 혼합과 만남을 설명하기 위해 상기된다. 그러나 원인들의 이 복수성은 귀신 연구에서 밝혀질 수 있는 일치성을 은폐할 수

---

17) *Ibid.*, **B** 115.
18) *Ibid.*, **B** 35.

있으리라.

귀신 연구와 지혜

"그러나 마귀가 점점 더 마귀와 혼합될 때, 이 사물들은 그것들이 만나는 그곳에 이어 계속적으로 많은 사물들이 태어나게 되는 그곳에 함께 떨어진다."[19]

스파이로스 속에, 사랑은 소멸되지 않으며 원소와 결합된다. 그래서 증오의 영향하에 그것들이 분리될 때, 그 자체에 우정의 미립자들이 존재한다. 신의 본질을 갖고 있음을 의미하는, 이 미립자들은 마귀이다. 여기서 언급된 이 미립자들의 결합은 사랑의 지배하에 있는 세상에 관한 것임을 밝힌다. 사랑의 팽창의 순간에 형성된 다른 혼합은 선택적인 친화력에 의해 이끌린 만남의 결과라고 말할 수 있다. 우정의 미립자는 서로 끌어당기고, 우연히 그것이 서로 만날 때 서로 원한다. 그래서 결론적으로 결합의 과정뿐만 아니라 특별한 혼합의 원인이 바로 사랑이다.

생물로 구현된 마귀는, 그 결과 두 세상에 참여하게 된다. 미립자가 개별화의 신호라면 미립자로서 모든 마귀가 나타난다. 스파이로스의 절대적이고 완전한 동일성에서, 스파이로

---

19) *Ibid.*, B 59.

스를 미분화된 전체가 아니라 총합으로서 여기지 않는 한 개체를 가정하는 것은 어려워 보인다.

개별화의 현상으로서 육체화는 이런 관점에서 한 유형이 된다. 하나와 단절된 신의 일부인 마귀는 되기로 선고받은 유형자이다.

"필요성의 언어, 대규모의 서약에 따라 선포된 영원한 신들의 고대 법령이 있다: 누군가 잘못을 범하고 피로 자신의 사지를 물들일 때, 과오를 범한 그 사람이 거짓 맹세를 할 때—— 운명적으로 오랜 삶을 얻은 마귀들——3만의 계절 동안, 그들은 시간을 가로질러 힘겨운 삶의 과정에서 다른 것으로 전이하면서 모든 형태의 죽음 존재들을 탄생시키며, 행복한 존재들과는 상관없이 방황한다. 왜냐하면 에테르의 힘은 그것을 바다로 밀어내고, 바다는 흙의 대지 위에 그것을 몰아내며, 흙은 그것을 에테르의 회오리바람 속으로 던지는 빛나는 태양광선을 향해 보내기 때문이다. 그리고 하나는 다른 것으로 그것을 받는다. 그러나 모두가 그것을 탐지한다. 그리고 나는 이제 그들 중의 하나, 신의 유배자, 그리고 폭력적인 망상에 사로잡힌 증오를 믿는 방랑자이다."[20]

육체화의 무제한 연속의 원인인 범행은, 십중팔구 인간으로 육체화된 귀신이 벌인 양식의 죄이다. 만약 실제로 마귀들

---

20) *Ibid.*, B 115.

이 생물로 구현된다면, 어떤 마귀는 다른 것들을 먹고, 동물은 다른 동물들을 먹는다. 그래서 죽을 존재들은 '골육상쟁(骨肉相爭)을 벌인다.'[21] 우정의 미립자인 마귀는 이 죄로 마귀가 믿고 있는 증오를 위해 우정을 배반하고, 거짓 맹세를 한다.

그가 범하는 잘못의 책임자인 마귀는, 인간의 육체화가 가장 고귀한 육체화인 개별화의 한 원리이다. 그래서 그는 인간으로서, 사랑에 의해 또는 증오에 의해 인도되기로 작정하고, '우정의 작품'[22]을 실행하거나 실행하지 않는 가능성을 갖는다.

그래서 그는 모든 것의 형성과 조직, 사랑과 증오의 연속적인 지배를 알아야 하고, 증오가 곧 있을 파괴를 약속받은 우리의 세상을 통치한다는 것을 알아야 한다. 그것이 그의 능력 안에 있는 만큼, 그는 우정의 작업을 수행하면서 증오의 팽창을 거부하려 한다.

사랑이 호의를 가진, 선의의 행위의 원칙이라는 것과 그의 지배하에 새와 동물 등 "모든 존재들이 사람들에게 온순하고 부드러우며 그들의 우정이 빛났다는 것을 인간은 알아야 한다."[23] 그것은 아마도 인간의 지혜가 사고의 눈으로 배울 수 있는 모든 것이리라.

---

21) *Ibid.*, B 136.
22) *Ibid.*, 17.
23) *Ibid.*, B 130.

VIII
원자의 발견: 아브데라학파

4세기부터 레우키포스(기원전 490-기원전 460)와 그의 제자인 데모크리토스(기원전 470-기원전 380)는 흔히 혼동될 정도로, 고대 원자론과 불가분의 두 얼굴이 된다.

두 원리, 원자와 진공(眞空)은 세상의 기원에 대한 질문에 답한다. 되는 모든 것의 근본적인 원소, 그것의 보완성은 되기의 이해 도구이다. 물리와 그것의 필연적 귀결인 우주진화론은 무엇보다도 우선 존재론처럼 등장한다. 그래서 사람들은 존재(원자)와 비존재(진공)의 사유 위에 세워진 존재론적 물리학에 대해 말한다. 이 두 원리의 제국은 하나의 본질에 국한되지 않는다. 이 두 원리는 또한 실용적인 분야에서 힘을 발휘한다, 왜냐하면 인간의 조직(원자와 진공)은 다른 자연 존재의 그것과 다르지 않기 때문이다.

원자주의자의 철학의 일체성은 생명의 윤리적 · 생리적 · 물리적 표출을 지배하는 원리의 동일성 덕분에 얻어진다.

존재와 비존재의 물리학

원자론은 일체성의 무한정한 다양성의 인정에 근거한다. 하나는 다수에 대립하지 않는다. 하나는 다수이다. 그래서 엠페도클레스가 주장했던 것과는 반대로 다수가 하나로부터 발생하는 것이 아니며, 하나가 다수로부터 생겨나지는 않는다. 하나는 다수성 위에 분산된다. 왜냐하면 이는 기본적인 일체성을 깨지 않는 수적 다양성에 관한 것이기 때문이다.

데모크리토스는 이런 의미로 "다양한 사물들이 있다면, 그것은 정확히 하나와 같은 것이어야 한다"[1]라고 여기는 멜리소스의 도전에 응답한다. 다양성 인정의 필연적 귀결은 운동이다. 엘레아의 존재에 물리적인 차원을 부여하는 데모크리토스는 그것을 복수화하고 그것을 움직이게 한다. 그러나 다수성과 운동은 존재하지 않는 것보다 존재를 더욱 비난한다. 그렇지만 이런 존재를 이해하기 위해서——파르메니데스가 그것에 대해 미리 알려 준 것처럼——비존재의 금지된 길로 들어설 필요가 있다. 데모크리토스는 비존재의 현실을 더욱 인식시키고, 그에게 '하나인 존재들'을 분리시키는 긍정적인 차원을 부여한다. 이렇게 하여 엘레아학파의 관점과는 반대로, 그는 다수성의 중심에 일체성의 유지를 보장한다.

되기는 이렇게 존재에 절대적인 비존재에서 존재로의 불가

---

[1] 심플리키우스, 《아리스토텔레스의 하늘론에 대한 주해》, 558, 19.

능한 전이가 아니라, 존재와 비존재의 필요한 보완성으로 이해된다. 비존재가 있기 위해서는 존재와의 관계를 다시 생각해야 하고, 이렇게 해서 그것의 다른 정의를 제안해야 한다. 그것의 관념적인 연대성은 상대적인 부정을 생산한다: 비존재는 **상대적으로** 존재인 것이 아니다. 비존재는 공허가 충만함의 부정인 것처럼, 드물다가 긴밀함의 그것인 것처럼 존재의 부정이다. 공허는 충만함인 어떤 것(dèn)과 상대적으로 아무것(médén)도 아니다. 어떤 것은 아무것도 아님의 부정이고, 공허는 존재의 부재이다. 어떤 것이 있는 그곳에는, 아무것도 없다. 즉 다시 말해 어떤 것의 없다이다. 존재, 어떤 것, 충만함, 긴밀함은 원자의 개념하에 모여지고, 비존재, 아무것도 없음, 긴밀함은 공허의 개념하에 집결된다.

존재와 비존재 또는 원자와 공허의 공동-존재는, 대립체의 비(非)-제외가 되기의 조건 자체인 대립 관계를 표현한다. 현실적일 뿐인 그것들의 항구성은 되기의 항구성을 보장한다. 존재의 근본적인 표현은 원자이다. **아토모스**(atomos)가 '분할할 수 없음'을 의미하므로 분할 가능성은 존재의 첫번째 정의이다. 다수성은──제논이 생각했던 것처럼──무한으로의 분할이라는 필요한 결과를 갖지 못한다. 부분이 없고 분할할 수 없는 원자는 또한 무표정이다. 다른 것들 중의 하나인 분리 등 어떤 감동도 겪지 않는다. 그래서 그것은 쉽게 변화하지 않는다.

게다가 다수성은 차이가 없는 것은 아니다. 데모크리토스는 존재의 중심에 차이를 놓았다. 원자는 그 형상, 순서, 위치에 의해 서로 다르다. **루스모스**(Rhusmos; 형상)는 형태의 유연성을 의미한다: A는 N과 다르다. **트로페**(Tropè; 위치)는 돌아서는 행위 또는 전복을 나타낸다: N은 Z와 다르다. 그리고 결국 **디아티제**(diathigè; 순서)는 집합을 의미한다: AN은 NA와 다르다. 더 나아가 원자는 무게가 다르다. 원자의 크기와 무게 사이에 상관 관계가 존재한다. 실제로 '무거운 것과 가벼운 것이 구별되는' 것은 바로 크기에 의해서이다. 이 무게의 차이는 심플리키우스에 따르면 운동의 차이를 초래한다: "고유한 무게에 따라 원자는 공허 덕분에 움직인다."[2]

원자의 상대적인 중량은(다소 무거운 원자가 있고, 가벼움은 하위의 무게로 여겨진다) 사방으로 움직이기 때문에, 위에서 아래로 또는 아래에서 위로 움직인다는 것을 의미하지는 않는다. 원자의 부단한 만남은 원자의 크기, 형태, 위치가 첨부된 높고 낮은 궤도의 방향 전환의 본질적 인자이다. 상승과 하강 이동은 다른 것들 사이에 운동을 형성한다: "그것은 서로 얽혀서 위에서 아래로 달린다."[3]

원자의 운동을 말하기 위한 표현의 풍부함은 놀라울 정도이다. 이 표현들은 만남과 그것의 필연적 귀결인 충격의 주된 사유 없이 이해될 수 없다. 원자는 그것의 유사성(비슷한 것은 비슷한 것과 유사하다)에 따라서 충격 또는 접촉의 역동성 속에 있다: 그것은 사방으로 흩어지고, 튀어오르고, 동요

---

2) 심플리키우스, 《아리스토텔레스의 자연학에 대한 주해》, 1318, 33.
3) 디오게네스 라에르티오스, 《생애》, 9, 30-33.

한다. 그것은 서로 가볍게 스치고, 서로 혼합된다. 그것은 서로 충격을 주고, 다투고, 충격을 받는다. 여기서 투명무늬 모양으로 역동적인 원리, 그리고 변화와 새로움의 원천으로서의 다툼이 다시 발견된다.

만약 원자가 사방으로 움직인다면, 그것은 '부동의 본질'에 의해서이다. 그것은 원자가 그 자체로 운동의 원인이 아니라는 것을 의미한다. 그러나 의심할 여지없이 운동이 있고 원자의 본질에 속하지 않기 때문에, 바깥에 또는 더 정확히 이 동일한 조건의 부정 속에 그 조건을 찾아야 한다. 공허는 그 조건이다. 그래서 "생성되는 만물은 충만함보다 공허에서 더욱 그것의 세대와 존재를 추출해 낸다."[4]

공허가 운동의 조건이라는 것은 중요한 두 가지 결과를 낳는다. 첫번째는 운동의 본질에 기인한다. 이는 국부적인 운동에 관한 것이다: "그것은 장소에 따라 운동으로 움직인다."[5] 두번째는 변화의 개념이다: 모든 움직임은 장소에 따른 운동이다. 운동의 다양성에 의해 더미의 형성, 또는 원자의 집합이 유래된다.

집합의 과정은 결합의 과정이 아니다. 원자는 닿거나 접촉하지만 항상 서로 빈 간격을 남겨둔다. 해체나 단절을 내포하기 때문에 접촉의 사고는 공허를 전제한다. 그래서 원자의 결합이 없다. 집합체는 원자와 공허라는 이 두 구성 요소나 원

---

4) 알렉산드르 다프로디즈, 《아리스토텔레스의 형이상학 주해》, 303, 37, fr. 262, 루리아.
5) 아리스토텔레스, *op. cit.*, VIII, 9, 265b.

소로 이루어진다. 이런 집합체는 조직이거나 또는 합성물이다. 그것은 하나가 아니며, 가득하지도 않다. 그렇기 때문에 원자만이 분할 가능하다.

생성은 세상, 동물, 식물 등의 다른 조직으로 분해된다. 그것은 조직의 형성이며, 순서정하기이다. 파괴는 붕괴나 해체의 과정이다.

원자는 그렇다고 해서 사라지는 것은 아니다. 영원한 그것은 공허와 함께 근원이 없다: "생산되는 것의 원인은 이제 어떤 시작도 없다."[6] 절대적인 시작의 부재는 시간의 영원성에 기초한다. 엄밀하게 말하자면 사물이 생산되는 것이 아니라면, 그것은 '시간이 생성되지 않기'[7] 때문이다. 시간의 영원성은 원소의 영원성이라는 결과를 갖게 된다. 이 원자의 시간적인 무제한화는 수적인 무제한화를 동반한다.

무제한화는 또한 나타나는 것의 다양성과 풍요로움을 의미한다. 구조화의 가능성은 그래서 무제한적이다. 왜냐하면 만약 이런 구조가 형성된다면, 유사하거나 상이한 다른 구조들이 형성되지 않았거나, 현재 형성되고 있지 않거나 미래에 형성되지 않을 이유가 없기 때문이다. 현상의 무한한 다양성은 원자의 무한성을 조정한다. 그러나 수적 무제한화는 우주에서 생산되는 만물의 풍요로움을 고려하기에 충분치 않다. 원자가 형태나 형상의 무한한 다수성을 갖는 것이 필요하다.

---

6) 위(僞)-플루타르코스, 《스트로마트》, 7.
7) 아리스토텔레스, *op. cit.*, VIII, 1, 251b.

역으로 이것은 크기의 무제한성을 전제하지 않는다. 사실상 원칙적으로 그 형태에 의해 원자가 집결된다. 형태는 무엇보다도 구조의 본질과 유형을 결정한다——공허는 한 조합체의 밀도나 부족에 대한 중요한 역할을 담당하기 때문에 부분적으로 그것은 참이다. 게다가 모든 신체가 그것에 고유한 생성을 가지고 있으므로 형태의 무제한화는 모든 조직의 특이성의 보증자이다. 마찬가지로 한 세상의 형성은 특별한 사건이다. 그렇지만 같은 방법으로 구성된 동일한 원소로 형성되었기 때문에, 이것이 비슷한 세상이 존재하는 것을 막지는 못한다.

수적 무제한의 세상으로 구성된 전체——또는 우주는 그 자체로 무제한이다. 우주는 지나간, 현재의, 그리고 올 가능성의 무제한성을 표현한다. 그래서 원자와 공허라는 두 가지 원리의 동일한 사건이 있다. 그것은 형성, 파괴, 성장, 그리고 부패 현상들이라는 변화의 끝없는 유희를 가능하게 한다. 데모크리토스는 비존재로부터 성장의 불가능성을 인정하는 파르메니데스에게 응답한다——"어디서부터 어떻게 그것이 성장할 것인가? 그것이 비존재로부터 유래한다고 네가 생각하는 것도, 말하는 것도 나는 허락하지 않을 것이다."[8] '증가가 공허 덕분에 생성됨'[9]을 인정하므로.

공허의 인정은 원자가 불변이기 때문에 존재가 아니라, 우

---

8) 디엘즈 H. & 프란츠 W., 《소크라테스 이전의 단편들》, 8, 8-10.
9) 아리스토텔레스, *op. cit.*, IV, 6, 213a.

주를 포함하고 있는 새로운 원자적 구조의 형성에 의한 연속적인 풍부함의 성장 현상을 고려하기 위해 필요한 것으로 밝혀진다. 계속되는 세대의 이 분류는 끊임없는 해체와 파괴의 반대 운동을 구성한다.

지구의 형성 과정은 그것이 유일하고 단순한 현상이 아니라는 것을 말해 준다. 왜냐하면 이런 원자가 다른 형상이 아니라 이런 형상을 갖는 이유가 없기 때문이며, 또한 무한한 다른 것들을 포함한 이런 다른 것이 아니라 이 세상이 있을 이유가 없기 때문이다. 무차별의 원리와 견주어 "어떤 것도 그것보다 더 이것이지는 않다."[10] '우주'에 끝이 지배할 자리는 없다. 되기의 설명은 '목적론'의 구조를 이룬다. "신의 섭리이거나 원자라는 양자택일을 기억하라."[11]

우연과 필요성

끝없는 공허 속에 모든 종류의 원자로 만들어진 회오리바람이 분리되었고, 우리의 세상을 생산했다. 회오리바람이라는 회전 운동 속에, 원자는 유사한 것들의 인력의 법칙에 따라 재집결되었다. 이 동일한 법칙은 소우주적 범주에서 확인될 수 있다. 다른 종류의 곡식들을 체로 칠 때 "체질로 생긴

---

10) 심플리키우스, 《아리스토텔레스의 자연학에 대한 주해》, 28, 4.
11) 마르쿠스 아우렐리우스, 《자신을 위한 명상》, IV, 3.

회오리바람으로 각각 렌즈콩은 렌즈콩과, 보리알들은 보리알들과, 밀알은 밀알들과 걸러진다."[12]

우주의 회오리바람은 같은 형태의 원자의 혼란을 야기하는 흔들림의 회전 운동이다. 가장 크고 가장 무거운 원자의 재편성과 얽힘은 처음에는 휴지 상태를 유지하고 있는 둥근 형태의 지구를 형성하였다. 위쪽으로 몰리는 미끄럽고 윤이 나며 둥글고 작은 원자들의 재편성은 하늘과 천체들, 불과 공기를 생산했다. 이어 구형(球形)의 지구의 경계를 지으며, 외관이 형성되었다. 태양도 달도 없는, 또는 크기와 수에서 더 클 수도 있는 하나의 태양과 하나의 달과 함께 다른 세상들과 큰 공허가 그 위에 있었을 것이다. 모든 구조처럼 우리 지구는 다른 세상과의 거친 만남에 의해 야기될 수 있을 풍화에 이르게 된다.

이 세상의 근원인 회오리바람에 지적인 원인은 없다. 어떤 권력도 질서잡기를 주도하지는 않는다.

"하늘과 모든 세상은 우연이라는 원인을 갖는다. 왜냐하면 이 배열 속에 모든 것을 확립하고 분리하는 운동과 회오리바람은 바로 우연에 의해서 생성되었기 때문이다."[13]

그리스어 용어 우연(to automaton)은 어원학상으로 '스스로

---

12) 섹스투스 엠피리쿠스, 《수학자들에 대한 반론》, VII, 116.
13) 아리스토텔레스, *op. cit.*, II, 4, 196a.

움직이는 것' '자발적인 것'을 의미한다. 회오리바람은 자발적인, 그래서 불확실한, 즉 무차별한 현상이다. 불확실성의 지배는 우주라는 가능한 세상들의 무한성의 필연적인 결과이다. 초기의 원초적인 우연은 세상이 발생할 수 있거나 없음을 의미한다. 어떤 세상도 필요하지 않고 모든 것은 생성될 수 있는 동등한 가능성을 갖는다. 그것의 형성은 그래서 우발적이다.

그러나 우연은 헛된 원인이 아니다. 왜냐하면 그것은 무질서가 아니라 반대로 질서의 생산자이기 때문이다. 그러나 확립된 질서는 순간적이다. 공허와 원자의 항구성은 없다. 합성물들의 덧없음이 필요하다. 다른 의미로 세상들이 출현하고 사라지는 것이 필요하다. 이 필요성은 영원한 되기의 필요성 자체이다. 이런 관점에서 회오리바람은 필요성의 다른 이름으로 인식될 수 있다. 그러나 필요한 것은 회오리바람의 존재가 아니라 그것이 생산 원인이라는 사실이다:

"모든 사물은 필요에 따라 생성된다. 회오리바람은 모든 사물의 탄생 원인이기 때문에, 그는 그것을 필요라고 부른다."[14]

게다가 필요성은 '저항, 운동, 그리고 재질의 충격' 속에, 즉 원자들 속에 표현된다. 그것은 여기서 원자의 물리적 특성에 근거한다. 그것은 분명 그것의 집합을 가능케 하는, 비

---

14) 디오게네스 라에르티오스, *op. cit.*, 9, 45.

숯한 것들의 인력 법칙이 첨부된 특성들이다. 우연히 생성된 회오리바람은 세상의 탄생이라는 필요한 결과를 갖게 된다. 그러나 이 필요성은 원자의 물리적 특성, 즉 이전의 또는 첫 번째 필요성을 요구한다.

그래서 필요성은 합성 존재들 위에 군림한다: "어떤 사물도 이유 없이 생성되지는 않으며, 모든 사물은 이성과 필요성에서 유래한다."[15] 일단 세상이 형성되면, 그곳에서 전개되는 사건은 유효적절하게 연결된다. 우주의 질서는 조정과 안정성을 전제한다. 현상은 필요에 의해 생성된다. 즉 이유가 있다.

이렇게 "올리브나무를 심거나 파헤치면서 보물을 발견한다."[16] 이 예는 데모크리토스가 이해하는 것처럼, 인과 관계는 단지 물질적인 것이 아니라 결과적이거나 생산적이다라는 것을 보여 준다. 만약 아무것도 이유가 없지 않다면, 모든 현상은 설명될 수 있다. 즉 다른 것에 결부되어 있다. 그렇다고 해서 동일한 원인이 항상 동일한 결과를 이끌어 내지는 않는다. 구멍을 파는 행위는 보물을 발견한다는 필요한 결과를 가져오지는 않는다. 마찬가지로 독수리가 거북이를 떨어뜨릴 때마다, 거북이의 딱딱한 껍질이 대머리 남자의 머리에 꼭 상처를 입히는 것은 아니다.

그래서 필요성이 세상의 사건과 현상을 지배하지만, 그것이 항상 있는 것의 엄격한 특성과 일반화를 벗어난 특별하고

---

15) 아에티우스, 《의견》, I, 15, 4.
16) 심플리키우스, 《아리스토텔레스의 자연학에 대한 주해》, 330, 14.

독특한 사건을 위한 자리가 없음을 의미하는 것은 아니다. 필요성은 관계의 필요성이거나, 또는 원인 관계의 필요성이다: 한쪽은 생산된 것, 다른 한쪽은 생산하는 것.

원인 탐구 또는 '원인론'은 결과에서 전례(前例)로의 관계를 확립하는 것이고, 그 반대는 아니다. "A라면 B이다"라는 추론은 아니다——이런 추리는 심플리키우스의 두 가지 예에서 부당하다——그러나 "B라면 A이다": 흙 속의 보석을 발견하기 위해서는 미리 구멍을 파놓았어야 한다. '페르시아의 왕이 되기보다는 한 가지 원인을 찾기'[17]를 바란 데모크리토스에 따르면, 원인론은 지식의 본질적인 차원에 있다. 이렇게 그는 문제의 어려움과 중요성을 지적하였다.

지식 또는 이성 탐구

"참된 지식과 막연한 지식이라는 두 가지 형태의 지식이 있다. 막연한 것에서, 시각·청각·후각·미각·촉각이 모두 한 덩어리이다. 그러나 다른 것은 그것과 구별된다. 막연함이 가장 작은 것까지 더 이상 볼 수도, 들을 수도, 느낄 수도, 또 만져서 파악할 수 없을 때 더욱 세밀하게 찾아야 한다. 그래서 더욱 섬세한 지식의 도구를 가진 진실이 개입한다."[18]

---

17) 디오니시우스(알렉산드리아의 주교), 《자연에 대해》, 유세비우스의 《복음의 준비》, XIV, 27, 4에 인용되었다.
18) 섹스투스 엠피리쿠스, 《수학자들에 대한 반론》, 7, 138.

지성이라는 이 도구를 갖춘 참된 지식만이 진리를 찾을 수 있다. 역으로 감각이라는 도구를 갖는 막연함은 참의 식별에 관해 절대 명확하지 않다. 바꿔 말하면 참된 것이 진리의 원천일 때, 막연함은 실수의 원천일 수 있다.

> "단지 지성적인 것만이 참이다. 왜냐하면 어떤 감성적인 것도 본질적으로 존재하지 않기 때문이다. 모든 사물은 본질적으로 감각적인 능력을 빼앗긴 원자들의 합성물이다."[19]

지성에 의해 파악될 수 있는 진리는 감지된 현실의 부재의 결과이다. 그리고 이 부재 자체는 사물의 구성에 기인한다: 사실상 원자는 본질적으로 지각할 수 있는 것은 아니다. 그것은 우리가 만지고 보고 또는 느낄 수 있게 하는 감각 특성 중의 어떤 것도 나타내지 않는다. 게다가 세밀한 연구를 필요로 하는 그것들을 알아야 한다. 진정한 지식의 대상인 그것은 전체 현실이다; 진리와 현실은 활용된다.

한 사물을 아는 것은 이 사물이 구성된 원자의 특질, 즉 그것의 원인을 아는 것이다. 왜냐하면 원자는 만물의 원인이기 때문이다. 진리 탐구는 원인 탐구처럼 보여진다. 데모크리토스가 원인론에 부여한 중요성은 여기서 그것의 모든 의미를 갖는다. 원인은 근본적으로 추론의 도움으로 밝혀진다. 그래서 감각은 막연한 지식의 도구이다. 그러나 데모크리토스가

---

19) *Ibid.*, 8, 6.

감각 이론 생성에 쏟은 관심은, 믿을 만한 도구 대신 감각 또한 유용한 도구라고 생각케 한다.

감각의 첫번째는 다른 감각이 발생되는 촉각이다. 이것을 통해 감각 특성(색깔·맛·냄새·소리 등)의 전체가 감지된다. 이 특성은——아낙사고라스가 생각하는 것처럼——우성 법칙이 작용하는 원자의 혼합체이다. 감각 특성은 근본적으로 형상, 순서, 위치, 그리고 크기에 의해 결정된다. 몇몇의 예가 그것을 명시할 것이다. 미끈하고 편편한 원자는 흰색의 원인이며, 꺼칠꺼칠한 전자는 검은색의 원인이다. 부드러운 것은 둥글고 상당히 큰 형상에 기인하고, 쓴 것은 크고 꺼칠한 다각형의 형상에 기인한다.

부드러움은 감각 기관(미각)과 달콤한 맛이 만났을 때 생산되는 감정이다. 지각되는 것과 지각하는 것의 이 만남은 원자의 각각의 배열에 따라 결정된다. 이 만남은 지각하는 것의 원자 조직 속에서 변형을 이루는 접촉이다. 지각하는 것의 원자 배열이 어떤 이유로 변형될 때 동일한 개체, 그리고 더 나아가 다른 개체들 속에서 지각의 차이를 만들어 낼 수 있다: "같은 맛은 모든 것과 비슷하게 나타나지는 않는다."[20] 이렇게 느낌은 감각의 성향이다. 그 결과 우리는 단호하고 확정적인 아무것도 지각할 수 없다.

"관습에 의해 감미로움이, 관습에 의해 쓴맛이, 관습에 의

---

20) 테오프라스토스, 《식물지》, VI, 2, 3.

해 뜨거움이, 관습에 의해 색깔이 결정된다. 실제로는 원자와 공허만이 존재한다."[21]

관습은 여기서 어떤 독단을 의미하지는 않는다. "꿀은 달다"는 막연하기 때문에 부적합한 발화이다. 꿀의 특성에 대해 아무것도 표현하지 않기 때문에 그렇다. 다르게 표현하자면 구성 요소(원자와 공허)는 어떤 특성도 갖지 않기 때문에 감각 특성은 실제적인 특성이 아니다. 지각하는 것과 관련이 있기 때문에 발화는 관습적이다. 실제로 원자의 조직 구조일 뿐인 것을 '달'고 명명하는 관례는 견해이지 진리가 아니다.

그러나 데모크리토스는 감각의 대상인 '현상'과 '참' 사이의 관계를 확립한 것처럼 보인다. 원자(그것의 형태, 배열 등)는 현상의 원인이기 때문에 관례적으로 "꿀은 달다"라는 발화가 가능하다면, 그것은 꿀이 미끈한 원자 등으로 구성되었기 때문이다. 감각을 통해 꿀이라는 것을 어떤 의미로 알 수 있게 된다. 물체의 실제 특성, 그것의 본질은 결국 감각을 매개로 파악된다. 그래서 사유는 감각이 없이는 아무것도 아닌 것이다. "형편없는 사유, 너는 우리를 통해서만 알 수 있는 확신 중의 어느것도 갖지 못할 것이다."[22] 사물의 지식은 간접적으로 감각의 덕분이다. 감각은 지식의 계기이다. 감각은 사고로 동기가 설명되는 복수성과 운동을 증명한다. 그리고

---

21) 심플리키우스, 《아리스토텔레스의 자연학에 대한 주해》, 7, 135-136.
22) 갈레노스, 《경험의학에 대해》, fgm., H. 손 출판사, 1259, 8.

체험한 것만을 안다 할지라도 그렇게 함으로써 우리는 현실을 파악할 수 있다.

그러나 감각의 증거에만 그치는 그것은 의견만을 갖게 되고, '현실에서 벗어나' 있다. 인간의 불완전성은 현실로의 즉각적이고 직접적인 접근의 불가능성에 존재한다. 감각이 그것의 유일한 도구라면, 지식은 막연하다. 감각에 의한 지식은 대부분의 인간들이 만족하는 지식의 첫번째 단계이다. 진정한 지식으로 상승하기 위해서는 사유의 개입이 필요하다. 막연함은, 그래서 사유의 부재의 결과이다. 사유는 발광체이다. 이 증거가 불충분하고 불완전하다고 해도, 많은 진리들이 '우물 바닥에' 놓여 있다고 해도 사유는 감각이 증거하는 것에 빛을 비춘다.

진리 탐구는 평온함과 기쁨의 탐구와 불가분의 관계이다. 왜냐하면 철학은 '열정의 영혼'을 해방하기 때문이다.

영혼의 평온함과 현인의 기쁨

지혜는 영혼의 의사(醫師)이다. 구형(球形)의 원자로 구성된 혼합인 영혼은 유형이다. 형상이 가장 변화무쌍하고, 운동성을 갖고 있기 때문에 구(球)는 불〔火〕과 지성의 형상이다. 영혼의 유형성은 죽게 될 특성이라는 결과를 갖는다. 유형성은 움직이는 신체와 동시에 해체한다. 그것의 죽음은 또한 사고의 단절을 의미한다. 나쁜 삶, 즉 생각도 없고 지혜도 없는 삶은 긴 죽음과도 같다.

그렇다고 사고의 행위가 무조건은 아니다. "생각하다는 영혼이 균형적인 혼합을 이룰 때에만 출현한다."[23] 영혼 속의 원자 혼합의 올바른 비율은 유지되어야 한다. 왜냐하면 사고를 지배하는 이 물리적인 안전성은 윤리적이기 때문이다. 그것은 동시에 영혼의 평정과 확실함과 평온함의 버팀목이다. 그러나 반대로 이것들은 혼합의 불안정성을 벗어난다.

영혼의 평온함 또는 기쁨은 평안을 의미한다. 이 목표에 도달하기 위해 넘치지도 부족하지도 않은 적당한 절제, 기쁨의 균형이 요구된다. 평안은 필연적 결과로 절제가 요구된다. 원자 집합의 생명력은 구조를 형성하는 요소들의 알맞은 균형에 달려 있다는 물리 법칙 속에, 넘침과 부족의 그것처럼 '카테고리'는 중요하다. 그러나 영혼은 원자의 복합물이기 때문에, 그것은 영혼을 변화시키는 냉각화나 가열과 같은 가능한 불균형을 피할 수 없다.

영혼의 균형을 유지하기 위해서, 즉 평안을 보장하기 위해서 절제만으로는 충분하지 않다. 더 나아가 평정을 배양해야 한다. 평안은 이성이라는 도구를 이용한 탐구의 대상이다. '(…) 이성의 확신과 격려'를 이용하는 것이 문제이다. "지성과 지식의 도움으로 올바르게 행동하는 그는 용기 있고, 동시에 좋은 식별력을 갖게 된다."[24] 반대로 관습, 즉 공동의 법

---

23) 테오프라스토스, 《감각》, 58.
24) 스토베, 《텍스트의 선택》, II, 31, 59.

에 역행하여 행동하는 그는 참된 삶을 증오하며, 죽음을 두려워하고, 이성 없이 행동하는 분별력 없는 사람과도 같다.

실생활에서 관습을 존중하고, 그래서 정당하다고 생각하는 그는, 그의 감각을 따르면서 안다고 믿는 그것과 동일하다. 현상을 지배하는 이성들처럼, 그의 행동을 이끄는 이성에 대해 무지하기 때문에 그것은 마찬가지로 난해하다.

결 론

 철학은 세상과 삶의 정당화의 모든 시도, 신의 법규에 적합한 모든 표현처럼 모든 교리에 문외한인 한 민족에게 나타났다. 이 민족은 시인들의 우물에서 신들의 '지식'을 길어올리고, 하나뿐인 시의 규칙으로 신을 노래하며, 그들의 신을 희극의 주인공으로 삼으며 사유의 자유를 구가했다. 이런 민족은 기원전 6세기에, 진리와 지식의 욕망으로 활성화된 자유로운 개별성을 창조했고, 이 개별성은 우주, 도시, 또는 인간의 행동을 지배하는 원리를 찾아내려 한다. 이런 탄생을 지켜본 대지는 바로 그리스이다.

 이 "멋진 바다가 펼쳐진 해안, 동틀 무렵, 그곳으로부터 영원한 것처럼 보이는 권력의 한결같은 풍요함으로 팽창하여, 지성의 자기(磁氣)와 지식의 영감이 분출한다; 그것이 나중에 기괴한 산 모양의 지구전도(地球全圖)가 된다: 화산 산맥은 영웅의 마법과 여신들의 뱀 같은 부드러움에 미소짓고, 자유로이 자기 자신을 알고 새를 죽일 수 있는 남자의 결혼의 비약을 인도한다; 그것은 탄생의 훼손, 미로 등 모든 것에 대한 대답이다."[1]

철학의 그리스 시기는 너무나 과거 속으로 물러나 있어서 모두에게 생경한, 멀고 먼 첫번째 순간이다. 생소한 만큼 낯설고 무장소이지만, 그렇다고 무시간은 아니다. 왜냐하면 그리스 철학은 또한 '고대'라고 불리기 때문이다; 무장소 그러나 시간적이기 때문에, 즉 죽어야 하기 때문에, 이 순간은 다른 것에 자리를 넘겨 주기 때문이다. 두번째 순간은 첫번째 것에 비교하여 더 체계적이지만 그것의 대립체, 즉 현대성의 시간이 되길 원한다. 신구(新舊)의 차이는, 헤라클레이토스의 방식에 따르면 역동적 차이로 이해될 수 있다.

철학의 기원의 심오함과 그 결과는 연속적으로, 그리고 강도 높게 그것의 발달을 보여 줄 수 있다. 철학의 역사는 실제로 '전(前)소크라테스'라고 불리는 초기 사상가들과 함께 풍요로운 대조와 끊임없는 대화로 표현된다. 단절이 있기 때문에 반드시 계속성이 존재한다.

그리스인들과의 대화는 피할 수 없다. 왜냐하면 그리스 사고에 완전히 무지한 사람이 그것을 더 따르기 때문이다. 그리스 사람들 다음에 철학하는 것은 그들과 함께 철학하는 것이다. (고대 그리스어로, 다음과 함께는 바로 동일한 전치사 **메타**(méta)이다.) 그리스 사람들은 부정적이든 긍정적이든 불가피한 준거점이다.

---

1) 르네 샤르, 〈낮은 목소리의 찬가〉, 《분노와 신비》.

물론 '전-소크라테스학파'는 몇 세기 동안 소홀히 다루어졌고, 표면적으로 잊혀졌다. 그러나 항상 전면에 있는 플라톤과 아리스토텔레스 그리고 소크라테스가 그들과 비교해 정의되기 때문에 그들은 현존한다. 그러나 한 세기 전부터 철학은 호메로스 철학에서 원천으로 귀환하게 하는 오세안과 비슷하다. 니체와 마르크스와 함께, 자연의 베르그송 철학과 함께, 존재의 의미에 대한 하이데거의 반복적인 명상과 함께, 파르메니데스·헤라클레이토스·엠페도클레스가, 시인들 또는 Fr. 횔덜린·르네 샤르 또는 마르셀 유한도 등의 작가들에게 불어넣은 열정과 함께, 소크라테스 이전의 철학은 더 이상 단지 우리의 기원만이 아니라 우리의 지평선이 되었다.

참고 문헌

그리스어 또는 독어로 된 핵심 참고 문헌
DIELS H. & KRANZ W., *Die Fragmente der Vorsokratiker*, Berlin, 1951.

프랑스어판
Les Présocratiques, édition établie par J.-P. Dumont, coll. 〈Bibliothèque de la Pléiade〉, Gallimard, 1988.

소크라테스 이전의 사유에 대한 개론서들
BRUN J., *Les Présocratiques*, 〈Que sais-je?〉, PUF, 1968.

BRUNSCHWIG J., LLOYD G.(dir.), *Le Savoir grec*, Flammarion, 1996.

KIRK G. S., RAVEN J. E., SCHOFIELD M., *Les Philosophes présocratiques: une histoire critique avec un choix de textes*, traduction française de H. A. WECK, éditons universitaires Fribourg Suisse, éditions du Cerf, Fribourg, 1995.

ROBIN, *La Pensée grecque et les origines de l'esprit scientifique*, Albin Michel, 3e édition, 1973.

어휘 설명

노우스(또는 지성)(noûs, ou intellect): 아낙사고라스에게 지식과 행동의 원리이다. 우주의 질서를 설명한다.

되기(devenir): 변화, 변형, 한 상태에서 다른 상태로의 전이.

로고스(logos): 언어, 담화, 이성.

목적론(téléologie): 목적(목표)의 연구와 탐구.

부류(catégorie): 분류할 수 있는 일반 개념, 한 주제, 계급, 성(性)에 부여한 특징.

비이성적인 것(irrationnel): 이성을 갖지 못하거나 이성에 반하는 것.

사랑과 증오(amour et haine): 엠페도클레스의 이론에서, 우주를 구성하는(그리고 파괴하는) 분리와 결합의 원리.

신인동형론(anthropomorphisme): 신에게 인간의 특성을 부여하는 학설.

아르케(archè; 원리): 시작, 출발점, 계율, 이유, 토대.

아페이론(apeiron): 무한정, 무제한.

아포리아(aporie): 난관, 장애, 어려움.

안티테르(반-지구)(anti-Terre): 하늘의 조화에 필요한 열 가지 물체를 얻기 위해 피타고라스학파가 그 존재를 인정했던 보이지 않는 천체.

오메오메르(homéomères): 아낙사고라스의 이론에서, 모든 것이 부분과 같은 특성을 갖게 하는 구분할 수 없는 기본 원리.

우브리스(hubris): 척도를 벗어나는 것, 지나친 언동, 폭력.

우연(hasard): 우발적이고, 예측할 수 없으며, 목표 없는 만남.

우주(cosmos): 질서, 정리, 조직된 전체, 세상.

원인론(étiologie): 원인의 연구와 탐구.

원자(atome): 모든 되는 것의 원소, 구분할 수 없고 변질되지 않는 미립자.

윤회(métempsycose): 영혼이 한 몸에서 다른 몸으로 이동하는 현상.

이성(raison): 추론 능력, 판단하고 설명하는 능력; 한 사물의 이유: 그것의 토대 또는 동기.

조화(harmonie): 정확한 비율, 소리의 조율.

존재론(ontologie): 존재에 대한 담화, 존재의 학설.

존재와 비존재(être et non-être): 있는 것과 없는 것.

지혜(sagesse): 기술 숙련도, 실용적인 지식, 이론적 지식, 과학.

카오스(chaos): 심연, 혼돈되고 무질서한 덩어리.

테트락티스(tétraktys): 처음 4수의 합(1+2+3+4=10)인 10을 포함하고 있기 때문에 파르메니데스학파의 완전 수.

피시스(자연)(Phusis(nature)): 생산력, 한 존재의 구성: 그것의 전체 특성, 전체 광물, 식물 그리고 동물.

필요성(nécessité): 다른 것이 될 수 없는 특성.

합리성(rationalité): 이성과 조화를 이룬 이성적인 것, 이성에 속한 것의 특징.

회의주의 또는 회의주의 방법(sceptisme ou méthode sceptique): 진리에 도달할 수 없음을 주장하는 학설, 그 연구 방법은 원칙적으로 의심에 근거한다.

색 인

《그리스 비극 시대의 철학의 탄생 La Naissance de la philosophie à l'époque de la tragédie grecque》 12
《노동과 나날 Works and Days》 64
니체 Nietzsche, Friedrich Wilhelm 12,153
데모크리토스 Democritos 9,133, 134,135,139,143,144,145,147
디오게네스 라에르티오스 Diogenes Laërtios 27,55
레우키포스 Leucippos 133
마르크스 Marx, Karl 153
멜리소스 Melissus of Samos 134
베르그송 Bergson, Henri Louis 153
《생애 Vies》 27
샤르 Char, René 153
센소리누스 Censorinus 22
소크라테스 Socrates 152,153
《신통기(神統記) Théogonie》 7,36,121
심플리키우스 Simplicius 14,24,80,136,144
아낙사고라스 Anaxagoras 9,97,101,104,105,109,111,123,146
아낙시만드로스 Anaximandros 12,16,17,18,19,22,23
아낙시메네스 Anaximenes 23,24
아르키타스 Archytas of Tarentum 50,51
아리스토텔레스 Aristoteles 7,15, 25,41,44,50,65,94,120,121,153
《아리스토텔레스의 자연학에 대한 주해 Commentaire sur la physique d'Aristote》 14
아에티우스 Aëtius, Flavius 22,25
엠페도클레스 Empedocles 9,115,117,118,121,123,126,127,134,153
《영혼에 관하여 De anima》 15
위(僞)갈레노스 Pseudo-Galenos 27
유한도 Jouhandeau, Marcel 153
《일리아드 Iliad》 25,36
《자연학 Physica》 25
제논 Zenon of Elea 75,85,86,87,89,91,94,101,135
코페르니쿠스 Copernicus, Nicolaus 53
크세노파네스 Xenophanes 9,27,28,30,32,35,38,40,83,112
탈레스 Thales 7,12,13,14,15,16,27
《테아이테토스 Theaitetos》 15
파르메니데스 Parmenides 9,35,75,76,78,81,83,84,85,90,94,98,100,104,106,119,134,139,153
파우사니아스 Pausanias 115,127
플라톤 Platon 15,75,76,86,153
플루타르코스 Plutarchos 22
피타고라스 Pythagoras 27,41,50,51,53,54
필로라오스 Philolaos 41,43,44,45,53,55
헤라클레이토스 Heracleitos 9,57,58,59,60,64,65,66,67,68,73,109,115,

116,152,153
헤시오도스 Hesiodos　7,27,35,36,37, 38,64,121
《형이상학 *Metaphysica*》　15,49,120
호메로스 Homeros　7,13,25,27,29,35, 37,38,65,72,153
횔덜린 Hölderlin, Johan Chritian Friedrich　153
히폴리트 Hyppolite, Jean　22

카트린 콜로베르
오타와대학교 고대철학과 객원교수
현재 호메로스와 아리스토텔레스에 대한 연구에 전념
저서: 그리스 철학에 관한 《파르메니데스의 존재 또는 시간의 거부》
아리스토텔레스의 《시간론》 번역

김정란
프랑스 뤼미에르 리옹 2대학교 불문학 박사
프랑스 뤼미에르 리옹 2대학교 불어교육학 학사
프랑스 문화잡지 《꾸리에 프랑세》 기자
현재 상명대학교 인문과학연구소 전임연구원 및 상명대학교 강사
역서 및 저서: 《비교문학개요》 《라 그라메르》 《신나는 프랑스어 읽기》
《프랑스어로 말하기》 《프랑스어 읽기》 《프랑스어 문법》

현대신서 158

철학의 기원에 관하여

초판발행 : 2004년 8월 25일

지은이 : 카트린 콜로베르
옮긴이 : 金貞蘭
총편집 : 韓仁淑
펴낸곳 : 東文選

제10-64호, 78. 12. 16 등록
110-300 서울 종로구 관훈동 74
전화 : 737-2795

편집설계 : 李妶旻 李惠允

ISBN 89-8038-458-0 94160
ISBN 89-8038-050-X (세트 : 현대신서)

【東文選 現代新書】

1 21세기를 위한 새로운 엘리트	FORESEEN 연구소 / 김경현	7,000원
2 의지, 의무, 자유 — 주제별 논술	L. 밀러 / 이대희	6,000원
3 사유의 패배	A. 핑켈크로트 / 주태환	7,000원
4 문학이론	J. 컬러 / 이은경・임옥희	7,000원
5 불교란 무엇인가	D. 키언 / 고길환	6,000원
6 유대교란 무엇인가	N. 솔로몬 / 최창모	6,000원
7 20세기 프랑스철학	E. 매슈스 / 김종갑	8,000원
8 강의에 대한 강의	P. 부르디외 / 현택수	6,000원
9 텔레비전에 대하여	P. 부르디외 / 현택수	7,000원
10 고고학이란 무엇인가	P. 반 / 박범수	8,000원
11 우리는 무엇을 아는가	T. 나겔 / 오영미	5,000원
12 에쁘롱 — 니체의 문체들	J. 데리다 / 김다은	7,000원
13 히스테리 사례분석	S. 프로이트 / 태혜숙	7,000원
14 사랑의 지혜	A. 핑켈크로트 / 권유현	6,000원
15 일반미학	R. 카이유와 / 이경자	6,000원
16 본다는 것의 의미	J. 버거 / 박범수	10,000원
17 일본영화사	M. 테시에 / 최은미	7,000원
18 청소년을 위한 철학교실	A. 자카르 / 장혜영	7,000원
19 미술사학 입문	M. 포인턴 / 박범수	8,000원
20 클래식	M. 비어드・J. 헨더슨 / 박범수	6,000원
21 정치란 무엇인가	K. 미노그 / 이정철	6,000원
22 이미지의 폭력	O. 몽젱 / 이은민	8,000원
23 청소년을 위한 경제학교실	J. C. 드루엥 / 조은미	6,000원
24 순진함의 유혹 〔메디시스賞 수상작〕	P. 브뤼크네르 / 김웅권	9,000원
25 청소년을 위한 이야기 경제학	A. 푸르상 / 이은민	8,000원
26 부르디외 사회학 입문	P. 보네위츠 / 문경자	7,000원
27 돈은 하늘에서 떨어지지 않는다	K. 아른트 / 유영미	6,000원
28 상상력의 세계사	R. 보이아 / 김웅권	9,000원
29 지식을 교환하는 새로운 기술	A. 벵토릴라 外 / 김혜경	6,000원
30 니체 읽기	R. 비어즈워스 / 김웅권	6,000원
31 노동, 교환, 기술 — 주제별 논술	B. 데코사 / 신은영	6,000원
32 미국만들기	R. 로티 / 임옥희	10,000원
33 연극의 이해	A. 쿠프리 / 장혜영	8,000원
34 라틴문학의 이해	J. 가야르 / 김교신	8,000원
35 여성적 가치의 선택	FORESEEN연구소 / 문신원	7,000원
36 동양과 서양 사이	L. 이리가라이 / 이은민	7,000원
37 영화와 문학	R. 리처드슨 / 이형식	8,000원
38 분류하기의 유혹 — 생각하기와 조직하기	G. 비뇨 / 임기대	7,000원
39 사실주의 문학의 이해	G. 라루 / 조성애	8,000원
40 윤리학 — 악에 대한 의식에 관하여	A. 바디우 / 이종영	7,000원
41 흙과 재 〔소설〕	A. 라히미 / 김주경	6,000원

42 진보의 미래	D. 르쿠르 / 김영선		6,000원
43 중세에 살기	J. 르 고프 外 / 최애리		8,000원
44 쾌락의 횡포·상	J. C. 기유보 / 김웅권		10,000원
45 쾌락의 횡포·하	J. C. 기유보 / 김웅권		10,000원
46 운디네와 지식의 불	B. 데스파냐 / 김웅권		8,000원
47 이성의 한가운데에서 — 이성과 신앙	A. 퀴노 / 최은영		6,000원
48 도덕적 명령	FORESEEN 연구소 / 우강택		6,000원
49 망각의 형태	M. 오제 / 김수경		6,000원
50 느리게 산다는 것의 의미·1	P. 쌍소 / 김주경		7,000원
51 나만의 자유를 찾아서	C. 토마스 / 문신원		6,000원
52 음악적 삶의 의미	M. 존스 / 송인영		근간
53 나의 철학 유언	J. 기통 / 권유현		8,000원
54 타르튀프 / 서민귀족 〔희곡〕	몰리에르 / 덕성여대극예술비교연구회		8,000원
55 판타지 공장	A. 플라워즈 / 박범수		10,000원
56 홍수·상 〔완역판〕	J. M. G. 르 클레지오 / 신미경		8,000원
57 홍수·하 〔완역판〕	J. M. G. 르 클레지오 / 신미경		8,000원
58 일신교 — 성경과 철학자들	E. 오르티그 / 전광호		6,000원
59 프랑스 시의 이해	A. 바이양 / 김다은·이혜지		8,000원
60 종교철학	J. P. 힉 / 김희수		10,000원
61 고요함의 폭력	V. 포레스테 / 박은영		8,000원
62 고대 그리스의 시민	C. 모세 / 김덕희		7,000원
63 미학개론 — 예술철학입문	A. 셰퍼드 / 유호전		10,000원
64 논증 — 담화에서 사고까지	G. 비뇨 / 임기대		6,000원
65 역사 — 성찰된 시간	F. 도스 / 김미겸		7,000원
66 비교문학개요	F. 클로동·K. 아다-보트링 / 김정란		8,000원
67 남성지배	P. 부르디외 / 김용숙	개정판	10,000원
68 호모사피언스에서 인터렉티브인간으로	FORESEEN 연구소 / 공나리		8,000원
69 상투어 — 언어·담론·사회	R. 아모시·A. H. 피에로 / 조성애		9,000원
70 우주론이란 무엇인가	P. 코올즈 / 송형석		8,000원
71 푸코 읽기	P. 빌루에 / 나길래		8,000원
72 문학논술	J. 파프·D. 로쉬 / 권종분		8,000원
73 한국전통예술개론	沈雨晟		10,000원
74 시학 — 문학 형식 일반론 입문	D. 퐁텐 / 이용주		8,000원
75 진리의 길	A. 보다르 / 김승철·최정아		9,000원
76 동물성 — 인간의 위상에 관하여	D. 르스텔 / 김승철		6,000원
77 랑가쥬 이론 서설	L. 옐름슬레우 / 김용숙·김혜련		10,000원
78 잔혹성의 미학	F. 토넬리 / 박형섭		9,000원
79 문학 텍스트의 정신분석	M. J. 벨멩-노엘 / 심재중·최애영		9,000원
80 무관심의 절정	J. 보드리야르 / 이은민		8,000원
81 영원한 황홀	P. 브뤼크네르 / 김웅권		9,000원
82 노동의 종말에 반하여	D. 슈나페르 / 김교신		6,000원
83 프랑스영화사	J. -P. 장콜라 / 김혜련		8,000원

84 조와(弔蛙)	金教臣 / 노치준·민혜숙	8,000원
85 역사적 관점에서 본 시네마	J. -L. 뢰트라 / 곽노경	8,000원
86 욕망에 대하여	M. 슈벨 / 서민원	8,000원
87 산다는 것의 의미·1 — 여분의 행복	P. 쌍소 / 김주경	7,000원
88 철학 연습	M. 아롱델-로오 / 최은영	8,000원
89 삶의 기쁨들	D. 노게 / 이은민	6,000원
90 이탈리아영화사	L. 스키파노 / 이주현	8,000원
91 한국문화론	趙興胤	10,000원
92 현대연극미학	M. -A. 샤르보니에 / 홍지화	8,000원
93 느리게 산다는 것의 의미·2	P. 쌍소 / 김주경	7,000원
94 진정한 모럴은 모럴을 비웃는다	A. 에슈고엔 / 김웅권	8,000원
95 한국종교문화론	趙興胤	10,000원
96 근원적 열정	L. 이리가라이 / 박정오	9,000원
97 라캉, 주체 개념의 형성	B. 오질비 / 김 석	9,000원
98 미국식 사회 모델	J. 바이스 / 김종명	7,000원
99 소쉬르와 언어과학	P. 가데 / 김용숙·임정혜	10,000원
100 철학적 기본 개념	R. 페르버 / 조국현	8,000원
101 맞불	P. 부르디외 / 현택수	10,000원
102 글렌 굴드, 피아노 솔로	M. 슈나이더 / 이창실	7,000원
103 문학비평에서의 실험	C. S. 루이스 / 허 종	8,000원
104 코뿔소 〔희곡〕	E. 이오네스코 / 박형섭	8,000원
105 지각 — 감각에 관하여	R. 바르바라 / 공정아	7,000원
106 철학이란 무엇인가	E. 크레이그 / 최생열	8,000원
107 경제, 거대한 사탄인가?	P. -N. 지로 / 김교신	7,000원
108 딸에게 들려 주는 작은 철학	R. 시몬 셰퍼 / 안상원	7,000원
109 도덕에 관한 에세이	C. 로슈·J. -J. 바레르 / 고수현	6,000원
110 프랑스 고전비극	B. 클레망 / 송민숙	8,000원
111 고전수사학	G. 위딩 / 박성철	10,000원
112 유토피아	T. 파코 / 조성애	7,000원
113 쥐비알	A. 자르댕 / 김남주	7,000원
114 증오의 모호한 대상	J. 아순 / 김승철	8,000원
115 개인 — 주체철학에 대한 고찰	A. 르노 / 장정아	7,000원
116 이슬람이란 무엇인가	M. 루스벤 / 최생열	8,000원
117 테러리즘의 정신	J. 보드리야르 / 배영달	8,000원
118 역사란 무엇인가	존 H. 아널드 / 최생열	8,000원
119 느리게 산다는 것의 의미·3	P. 쌍소 / 김주경	7,000원
120 문학과 정치 사상	P. 페티티에 / 이종민	8,000원
121 가장 아름다운 하나님 이야기	A. 보테르 外 / 주태환	8,000원
122 시민 교육	P. 카니베즈 / 박주원	9,000원
123 스페인영화사	J.- C. 스갱 / 정동섭	8,000원
124 인터넷상에서 — 행동하는 지성	H. L. 드레퓌스 / 정혜욱	9,000원
125 내 몸의 신비 — 세상에서 가장 큰 기적	A. 지오르당 / 이규식	7,000원

126 세 가지 생태학	F. 가타리 / 윤수종	8,000원
127 모리스 블랑쇼에 대하여	E. 레비나스 / 박규현	9,000원
128 위뷔 왕 〔희곡〕	A. 자리 / 박형섭	8,000원
129 번영의 비참	P. 브뤼크네르 / 이창실	8,000원
130 무사도란 무엇인가	新渡戶稻造 / 沈雨晟	7,000원
131 꿈과 공포의 미로 〔소설〕	A. 라히미 / 김주경	8,000원
132 문학은 무슨 소용이 있는가?	D. 살나브 / 김교신	7,000원
133 종교에 대하여—행동하는 지성	존 D. 카푸토 / 최생열	9,000원
134 노동사회학	M. 스트루방 / 박주원	8,000원
135 맞불·2	P. 부르디외 / 김교신	10,000원
136 믿음에 대하여—행동하는 지성	S. 지제크 / 최생열	9,000원
137 법, 정의, 국가	A. 기그 / 민혜숙	8,000원
138 인식, 상상력, 예술	E. 아카마츄 / 최돈호	근간
139 위기의 대학	ARESER / 김교신	10,000원
140 카오스모제	F. 가타리 / 윤수종	10,000원
141 코란이란 무엇인가	M. 쿡 / 이강훈	9,000원
142 신학이란 무엇인가	D. 포드 / 강혜원·노치준	9,000원
143 누보 로망, 누보 시네마	C. 뮈르시아 / 이창실	8,000원
144 지능이란 무엇인가	I. J. 디어리 / 송형석	근간
145 죽음—유한성에 관하여	F. 다스튀르 / 나길래	8,000원
146 철학에 입문하기	Y. 카탱 / 박선주	8,000원
147 지옥의 힘	J. 보드리야르 / 배영달	8,000원
148 철학 기초 강의	F. 로피 / 공나리	8,000원
149 시네마토그래프에 대한 단상	R. 브레송 / 오일환·김경온	9,000원
150 성서란 무엇인가	J. 리치스 / 최생열	근간
151 프랑스 문학사회학	신미경	8,000원
152 잡사와 문학	F. 에브라르 / 최정아	근간
153 세계의 폭력	J. 보드리야르·E. 모랭 / 배영달	9,000원
154 잠수복과 나비	J. -D. 보비 / 양영란	6,000원
155 고전 할리우드 영화	J. 나카시 / 최은영	10,000원
156 마지막 말, 마지막 미소	B. 드 카스텔바자크 / 김승철·장정아	근간
157 몸의 시학	J. 피죠 / 김선미	근간
158 철학의 기원에 관하여	C. 콜로베르 / 김정란	8,000원
159 지혜에 대한 숙고	J. -M. 베스니에르 / 곽노경	8,000원
160 자연주의 미학과 시학	조성애	10,000원
161 소설 분석—현대적 방법론과 기법	B. 발레트 / 조성애	근간
162 사회학이란 무엇인가	S. 브루스 / 김경안	근간
163 인도철학입문	S. 헤밀턴 / 고길환	근간
164 심리학이란 무엇인가	G. 버틀러·F. 맥마누스 / 이재현	근간
165 발자크 비평	J. 줄레즈 / 이정민	근간
166 결별을 위하여	G. 마츠네프 / 권은희·최은희	근간
167 인류학이란 무엇인가	J. 모나건 外 / 김경안	근간

168 세계화의 불안	Z. 라이디 / 김종명	8,000원
169 음악이란 무엇인가	N. 쿡 / 장호연	근간
170 사랑과 우연의 장난 〔희곡〕	마리보 / 박형섭	근간
171 사진의 이해	G. 보레 / 박은영	근간
172 현대인의 사랑과 성	현택수	9,000원
173 성해방은 진행중인가?	M. 이아퀴브 / 권은희	근간
300 아이들에게 설명하는 이혼	P. 루카스·S. 르로이 / 이은민	8,000원
301 아이들에게 들려주는 인도주의	J. 마무 / 이은민	근간
302 아이들에게 설명해 주는 죽음	E. 위스망 페렝 / 김미정	근간
303 아이들에게 들려주는 선사시대 이야기	J. 클로드 / 김교신	8,000원

【東文選 文藝新書】

1 저주받은 詩人들	A. 뻬이르 / 최수철·김종호	개정근간
2 민속문화론서설	沈雨晟	40,000원
3 인형극의 기술	A. 훼도토프 / 沈雨晟	8,000원
4 전위연극론	J. 로스 에반스 / 沈雨晟	12,000원
5 남사당패연구	沈雨晟	19,000원
6 현대영미회곡선(전4권)	N. 코워드 外 / 李辰洙	절판
7 행위예술	L. 골드버그 / 沈雨晟	절판
8 문예미학	蔡 儀 / 姜慶鎬	절판
9 神의 起源	何 新 / 洪 熹	16,000원
10 중국예술정신	徐復觀 / 權德周 外	24,000원
11 中國古代書史	錢存訓 / 金允子	14,000원
12 이미지 — 시각과 미디어	J. 버거 / 편집부	12,000원
13 연극의 역사	P. 하트놀 / 沈雨晟	절판
14 詩 論	朱光潛 / 鄭相泓	22,000원
15 탄트라	A. 무케르지 / 金龜山	16,000원
16 조선민족무용기본	최승희	15,000원
17 몽고문화사	D. 마이달 / 金龜山	8,000원
18 신화 미술 제사	張光直 / 李 徹	10,000원
19 아시아 무용의 인류학	宮尾慈良 / 沈雨晟	20,000원
20 아시아 민족음악순례	藤井知昭 / 沈雨晟	5,000원
21 華夏美學	李澤厚 / 權 瑚	15,000원
22 道	張立文 / 權 瑚	18,000원
23 朝鮮의 占卜과 豫言	村山智順 / 金禧慶	15,000원
24 원시미술	L. 아담 / 金仁煥	16,000원
25 朝鮮民俗誌	秋葉隆 / 沈雨晟	12,000원
26 神話의 이미지	J. 캠벨 / 扈承喜	근간
27 原始佛敎	中村元 / 鄭泰爀	8,000원
28 朝鮮女俗考	李能和 / 金尙憶	24,000원
29 朝鮮解語花史(조선기생사)	李能和 / 李在崑	25,000원
30 조선창극사	鄭魯湜	17,000원

31 동양회화미학	崔炳植	18,000원
32 性과 결혼의 민족학	和田正平 / 沈雨晟	9,000원
33 農漁俗談辭典	宋在璇	12,000원
34 朝鮮의 鬼神	村山智順 / 金禧慶	12,000원
35 道敎와 中國文化	葛兆光 / 沈揆昊	15,000원
36 禪宗과 中國文化	葛兆光 / 鄭相泓·任炳權	8,000원
37 오페라의 역사	L. 오레이 / 류연희	절판
38 인도종교미술	A. 무케르지 / 崔炳植	14,000원
39 힌두교의 그림언어	안넬리제 外 / 全在星	9,000원
40 중국고대사회	許進雄 / 洪 熹	30,000원
41 중국문화개론	李宗桂 / 李宰碩	23,000원
42 龍鳳文化源流	王大有 / 林東錫	25,000원
43 甲骨學通論	王宇信 / 李宰碩	40,000원
44 朝鮮巫俗考	李能和 / 李在崑	20,000원
45 미술과 페미니즘	N. 부루드 外 / 扈承喜	9,000원
46 아프리카미술	P. 윌레드 / 崔炳植	절판
47 美의 歷程	李澤厚 / 尹壽榮	28,000원
48 曼茶羅의 神들	立川武藏 / 金龜山	19,000원
49 朝鮮歲時記	洪錫謨 外/李錫浩	30,000원
50 하 상	蘇曉康 外 / 洪 熹	절판
51 武藝圖譜通志 實技解題	正 祖 / 沈雨晟·金光錫	15,000원
52 古文字學첫걸음	李學勤 / 河永三	14,000원
53 體育美學	胡小明 / 閔永淑	10,000원
54 아시아 美術의 再發見	崔炳植	9,000원
55 曆과 占의 科學	永田久 / 沈雨晟	8,000원
56 中國小學史	胡奇光 / 李宰碩	20,000원
57 中國甲骨學史	吳浩坤 外 / 梁東淑	35,000원
58 꿈의 철학	劉文英 / 河永三	22,000원
59 女神들의 인도	立川武藏 / 金龜山	19,000원
60 性의 역사	J. L. 플랑드랭 / 편집부	18,000원
61 쉬르섹슈얼리티	W. 챠드윅 / 편집부	10,000원
62 여성속담사전	宋在璇	18,000원
63 박재서희곡선	朴栽緖	10,000원
64 東北民族源流	孫進己 / 林東錫	13,000원
65 朝鮮巫俗의 硏究(상·하)	赤松智城·秋葉隆 / 沈雨晟	28,000원
66 中國文學 속의 孤獨感	斯波六郎 / 尹壽榮	8,000원
67 한국사회주의 연극운동사	李康列	8,000원
68 스포츠인류학	K. 블랑챠드 外 / 박기동 外	12,000원
69 리조복식도감	리팔찬	20,000원
70 娼 婦	A. 꼬르벵 / 李宗旼	22,000원
71 조선민요연구	高晶玉	30,000원
72 楚文化史	張正明 / 南宗鎭	26,000원

73 시간, 욕망, 그리고 공포	A. 코르뱅 / 변기찬	18,000원
74 本國劍	金光錫	40,000원
75 노트와 반노트	E. 이오네스코 / 박형섭	20,000원
76 朝鮮美術史硏究	尹喜淳	7,000원
77 拳法要訣	金光錫	30,000원
78 艸衣選集	艸衣意恂 / 林鍾旭	20,000원
79 漢語音韻學講義	董少文 / 林東錫	10,000원
80 이오네스코 연극미학	C. 위베르 / 박형섭	9,000원
81 중국문자훈고학사전	全廣鎭 편역	23,000원
82 상말속담사전	宋在璇	10,000원
83 書法論叢	沈尹默 / 郭魯鳳	16,000원
84 침실의 문화사	P. 디비 / 편집부	9,000원
85 禮의 精神	柳肅 / 洪 熹	20,000원
86 조선공예개관	沈雨晟 편역	30,000원
87 性愛의 社會史	J. 솔레 / 李宗旼	18,000원
88 러시아미술사	A.I 조토프 / 이건수	22,000원
89 中國書藝論文選	郭魯鳳 選譯	25,000원
90 朝鮮美術史	關野貞 / 沈雨晟	30,000원
91 美術版 탄트라	P. 로슨 / 편집부	8,000원
92 군달리니	A. 무케르지 / 편집부	9,000원
93 카마수트라	바짜야나 / 鄭泰爀	18,000원
94 중국언어학총론	J. 노먼 / 全廣鎭	28,000원
95 運氣學說	任應秋 / 李宰碩	15,000원
96 동물속담사전	宋在璇	20,000원
97 자본주의의 아비투스	P. 부르디외 / 최종철	10,000원
98 宗敎學入門	F. 막스 뮐러 / 金龜山	10,000원
99 변 화	P. 바츨라빅크 外 / 박인철	10,000원
100 우리나라 민속놀이	沈雨晟	15,000원
101 歌訣(중국역대명언경구집)	李宰碩 편역	20,000원
102 아니마와 아니무스	A. 융 / 박해순	8,000원
103 나, 너, 우리	L. 이리가라이 / 박정오	12,000원
104 베케트연극론	M. 푸크레 / 박형섭	8,000원
105 포르노그래피	A. 드워킨 / 유혜련	12,000원
106 셸 링	M. 하이데거 / 최상욱	12,000원
107 프랑수아 비용	宋 勉	18,000원
108 중국서예 80제	郭魯鳳 편역	16,000원
109 性과 미디어	W. B. 키 / 박해순	12,000원
110 中國正史朝鮮列國傳(전2권)	金聲九 편역	120,000원
111 질병의 기원	T. 매큐언 / 서 일·박종연	12,000원
112 과학과 젠더	E. F. 켈러 / 민경숙·이현주	10,000원
113 물질문명·경제·자본주의	F. 브로델 / 이문숙 外	절판
114 이탈리아인 태고의 지혜	G. 비코 / 李源斗	8,000원

115	中國武俠史	陳 山 / 姜鳳求	18,000원
116	공포의 권력	J. 크리스테바 / 서민원	23,000원
117	주색잡기속담사전	宋在璇	15,000원
118	죽음 앞에 선 인간(상·하)	P. 아리에스 / 劉仙子	각권 8,000원
119	철학에 대하여	L. 알튀세르 / 서관모·백승욱	12,000원
120	다른 곳	J. 데리다 / 김다은·이혜지	10,000원
121	문학비평방법론	D. 베르제 外 / 민혜숙	12,000원
122	자기의 테크놀로지	M. 푸코 / 이희원	16,000원
123	새로운 학문	G. 비코 / 李源斗	22,000원
124	천재와 광기	P. 브르노 / 김웅권	13,000원
125	중국은사문화	馬 華·陳正宏 / 강경범·천현경	12,000원
126	푸코와 페미니즘	C. 라마자노글루 外 / 최 영 外	16,000원
127	역사주의	P. 해밀턴 / 임옥희	12,000원
128	中國書藝美學	宋 民 / 郭魯鳳	16,000원
129	죽음의 역사	P. 아리에스 / 이종민	18,000원
130	돈속담사전	宋在璇 편	15,000원
131	동양극장과 연극인들	김영무	15,000원
132	生育神과 性巫術	宋兆麟 / 洪 熹	20,000원
133	미학의 핵심	M. M. 이턴 / 유호전	20,000원
134	전사와 농민	J. 뒤비 / 최생열	18,000원
135	여성의 상태	N. 에니크 / 서민원	22,000원
136	중세의 지식인들	J. 르 고프 / 최애리	18,000원
137	구조주의의 역사(전4권)	F. 도스 / 김웅권 外	Ⅰ·Ⅱ·Ⅳ 15,000원 / Ⅲ 18,000원
138	글쓰기의 문제해결전략	L. 플라워 / 원진숙·황정현	20,000원
139	음식속담사전	宋在璇 편	16,000원
140	고전수필개론	權 瑚	16,000원
141	예술의 규칙	P. 부르디외 / 하태환	23,000원
142	"사회를 보호해야 한다"	M. 푸코 / 박정자	20,000원
143	페미니즘사전	L. 터틀 / 호승희·유혜련	26,000원
144	여성심벌사전	B. G. 워커 / 정소영	근간
145	모데르니테 모데르니테	H. 메쇼닉 / 김다은	20,000원
146	눈물의 역사	A. 벵상뷔포 / 이자경	18,000원
147	모더니티입문	H. 르페브르 / 이종민	24,000원
148	재생산	P. 부르디외 / 이상호	23,000원
149	종교철학의 핵심	W. J. 웨인라이트 / 김희수	18,000원
150	기호와 몽상	A. 시몽 / 박형섭	22,000원
151	융분석비평사전	A. 새뮤얼 外 / 민혜숙	16,000원
152	운보 김기창 예술론연구	최병식	14,000원
153	시적 언어의 혁명	J. 크리스테바 / 김인환	20,000원
154	예술의 위기	Y. 미쇼 / 하태환	15,000원
155	프랑스사회사	G. 뒤프 / 박 단	16,000원
156	중국문예심리학사	劉偉林 / 沈揆昊	30,000원

157 무지카 프라티카	M. 캐넌 / 김혜중	25,000원
158 불교산책	鄭泰爀	20,000원
159 인간과 죽음	E. 모랭 / 김명숙	23,000원
160 地中海(전5권)	F. 브로델 / 李宗旼	근간
161 漢語文字學史	黃德實·陳秉新 / 河永三	24,000원
162 글쓰기와 차이	J. 데리다 / 남수인	28,000원
163 朝鮮神事誌	李能和 / 李在崑	근간
164 영국제국주의	S. C. 스미스 / 이태숙·김종원	16,000원
165 영화서술학	A. 고드로·F. 조스트 / 송지연	17,000원
166 美學辭典	사사키 겡이치 / 민주식	22,000원
167 하나이지 않은 성	L. 이리가라이 / 이은민	18,000원
168 中國歷代書論	郭魯鳳 譯註	25,000원
169 요가수트라	鄭泰爀	15,000원
170 비정상인들	M. 푸코 / 박정자	25,000원
171 미친 진실	J. 크리스테바 外 / 서민원	25,000원
172 디스탱숑(상·하)	P. 부르디외 / 이종민	근간
173 세계의 비참(전3권)	P. 부르디외 外 / 김주경	각권 26,000원
174 수묵의 사상과 역사	崔炳植	근간
175 파스칼적 명상	P. 부르디외 / 김웅권	22,000원
176 지방의 계몽주의	D. 로슈 / 주명철	30,000원
177 이혼의 역사	R. 필립스 / 박범수	25,000원
178 사랑의 단상	R. 바르트 / 김희영	근간
179 中國書藝理論體系	熊秉明 / 郭魯鳳	23,000원
180 미술시장과 경영	崔炳植	16,000원
181 카프카 — 소수적인 문학을 위하여	G. 들뢰즈·F. 가타리 / 이진경	18,000원
182 이미지의 힘 — 영상과 섹슈얼리티	A. 쿤 / 이형식	13,000원
183 공간의 시학	G. 바슐라르 / 곽광수	23,000원
184 랑데부 — 이미지와의 만남	J. 버거 / 임옥희·이은경	18,000원
185 푸코와 문학 — 글쓰기의 계보학을 향하여	S. 듀링 / 오경심·홍유미	26,000원
186 각색, 연극에서 영화로	A. 엘보 / 이선형	16,000원
187 폭력과 여성들	C. 도펭 外 / 이은민	18,000원
188 하드 바디 — 할리우드 영화에 나타난 남성성	S. 제퍼드 / 이형식	18,000원
189 영화의 환상성	J.-L. 뢰트라 / 김경온·오일환	18,000원
190 번역과 제국	D. 로빈슨 / 정혜욱	16,000원
191 그라마톨로지에 대하여	J. 데리다 / 김웅권	35,000원
192 보건 유토피아	R. 브로만 外 / 서민원	20,000원
193 현대의 신화	R. 바르트 / 이화여대기호학연구소	20,000원
194 중국회화백문백답	郭魯鳳	근간
195 고서화감정개론	徐邦達 / 郭魯鳳	30,000원
196 상상의 박물관	A. 말로 / 김웅권	26,000원
197 부빈의 일요일	J. 뒤비 / 최생열	22,000원
198 아인슈타인의 최대 실수	D. 골드스미스 / 박범수	16,000원

199 유인원, 사이보그, 그리고 여자	D. 해러웨이 / 민경숙	25,000원
200 공동생활 속의 개인주의	F. 드 생글리 / 최은영	20,000원
201 기식자	M. 세르 / 김웅권	24,000원
202 연극미학 — 플라톤에서 브레히트까지의 텍스트들	J. 셰레 外 / 홍지화	24,000원
203 철학자들의 신	W. 바이셰델 / 최상욱	34,000원
204 고대 세계의 정치	모제스 I. 핀레이 / 최생열	16,000원
205 프란츠 카프카의 고독	M. 로베르 / 이창실	18,000원
206 문화 학습 — 실천적 입문서	J. 자일스·T. 미들턴 / 장성희	24,000원
207 호모 아카데미쿠스	P. 부르디외 / 임기대	근간
208 朝鮮槍棒教程	金光錫	40,000원
209 자유의 순간	P. M. 코헨 / 최하영	16,000원
210 밀교의 세계	鄭泰爀	16,000원
211 토탈 스크린	J. 보드리야르 / 배영달	19,000원
212 영화와 문학의 서술학	F. 바누아 / 송지연	22,000원
213 텍스트의 즐거움	R. 바르트 / 김희영	15,000원
214 영화의 직업들	B. 라트롱슈 / 김경온·오일환	16,000원
215 소설과 신화	이용주	15,000원
216 문화와 계급 — 부르디외와 한국 사회	홍성민 外	18,000원
217 작은 사건들	R. 바르트 / 김주경	14,000원
218 연극분석입문	J. -P. 링가르 / 박형섭	18,000원
219 푸코	G. 들뢰즈 / 허 경	17,000원
220 우리나라 도자기와 가마터	宋在璇	30,000원
221 보이는 것과 보이지 않는 것	M. 퐁티 / 남수인·최의영	30,000원
222 메두사의 웃음/출구	H. 식수 / 박혜영	19,000원
223 담화 속의 논증	R. 아모시 / 장인봉	20,000원
224 포켓의 형태	J. 버거 / 이영주	근간
225 이미지심벌사전	A. 드 브리스 / 이원두	근간
226 이데올로기	D. 호크스 / 고길환	16,000원
227 영화의 이론	B. 발라즈 / 이형식	20,000원
228 건축과 철학	J. 보드리야르·J. 누벨 / 배영달	16,000원
229 폴 리쾨르 — 삶의 의미들	F. 도스 / 이봉지 外	근간
230 서양철학사	A. 케니 / 이영주	29,000원
231 근대성과 육체의 정치학	D. 르 브르통 / 홍성민	20,000원
232 허난설헌	金成南	16,000원
233 인터넷 철학	G. 그레이엄 / 이영주	15,000원
234 사회학의 문제들	P. 부르디외 / 신미경	23,000원
235 의학적 추론	A. 시쿠렐 / 서민원	20,000원
236 튜링 — 인공지능 창시자	J. 라세구 / 임기대	16,000원
237 이성의 역사	F. 샤틀레 / 심세광	근간
238 朝鮮演劇史	金在喆	22,000원
239 미학이란 무엇인가	M. 지므네즈 / 김웅권	23,000원
240 古文字類編	高 明	40,000원

241 부르디외 사회학 이론	L. 핀토 / 김용숙·김은희	20,000원
242 문학은 무슨 생각을 하는가?	P. 마슈레 / 서민원	23,000원
243 행복해지기 위해 무엇을 배워야 하는가?	A. 우지오 外 / 김교신	18,000원
244 영화와 회화: 탈배치	P. 보니체 / 홍지화	18,000원
245 영화 학습 — 실천적 지표들	F. 바누아 外 / 문신원	16,000원
246 회화 학습 — 실천적 지표들	F. 기블레 / 고수현	근간
247 영화미학	J. 오몽 外 / 이용주	24,000원
248 시 — 형식과 기능	J. L. 주베르 / 김경온	근간
249 우리나라 옹기	宋在璇	40,000원
250 검은 태양	J. 크리스테바 / 김인환	27,000원
251 어떻게 더불어 살 것인가	R. 바르트 / 김웅권	28,000원
252 일반 교양 강좌	E. 코바 / 송대영	23,000원
253 나무의 철학	R. 뒤마 / 송형석	29,000원
254 영화에 대하여 — 에이리언과 영화철학	S. 멀할 / 이영주	18,000원
255 문학에 대하여 — 문학철학	H. 밀러 / 최은주	근간
256 미학 연습 — 플라톤에서 에코까지	한국외대 독일 미학연구회 편역	근간
257 조희룡 평전	김영회 外	18,000원
258 역사철학	F. 도스 / 최생열	근간
259 철학자들의 동물원	A. L. 브라 쇼파르 / 문신원	22,000원
260 시각의 의미	J. 버거 / 이용은	근간
261 들뢰즈	A. 괄란디 / 임기대	13,000원
262 문학과 문화 읽기	김종갑	16,000원
263 과학에 대하여 — 과학철학	B. 리들리 / 이영주	근간
264 장 지오노와 서술 이론	송지연	18,000원
265 영화의 목소리	M. 시옹 / 박선주	근간
266 사회보장의 발견	J. 당즐로 / 주형일	근간
267 이미지와 기호	M. 졸리 / 이선형	근간
268 위기의 식물	J. M. 펠트 / 이충건	근간
269 중국 소수민족의 원시종교	洪 熹	18,000원
270 영화감독들의 영화 이론	J. 오몽 / 곽동준	근간
271 중첩	J. 들뢰즈·C. 베네 / 허희정	근간
272 디디에 에리봉과의 대담	J. 뒤메질 / 송대영	근간
273 중립	R. 바르트 / 김웅권	근간
274 알퐁스 도데의 문학과 프로방스 문화	이종민	16,000원
275 우리말 釋迦如來行蹟頌	高麗 無寄 / 金月雲	18,000원
276 金剛經講話	金月雲 講述	18,000원
1001 베토벤: 전원교향곡	D. W. 존스 / 김지순	15,000원
1002 모차르트: 하이든 현악 4중주곡	J. 어빙 / 김지순	14,000원
1003 베토벤: 에로이카 교향곡	T. 시프 / 김지순	18,000원
1004 모차르트: 주피터 교향곡	E. 시스먼 / 김지순	근간
1005 바흐: 브란덴부르크 협주곡	M. 보이드 / 김지순	근간
2001 우리 아이들에게 어떤 지표를 주어야 할까?	J. L. 오베르 / 이창실	16,000원

2002 상처받은 아이들	N. 파브르 / 김주경	16,000원
2003 엄마 아빠, 꿈꿀 시간을 주세요!	E. 부젱 / 박주원	16,000원
2004 부모가 알아야 할 유치원의 모든 것들	N. 뒤 소수아 / 전재민	18,000원
2005 부모들이여, '안 돼'라고 말하라!	P. 들라로슈 / 김주경	19,000원
2006 엄마 아빠, 전 못하겠어요!	E. 리공 / 이창실	18,000원
3001 《새》	C. 파글리아 / 이형식	13,000원
3002 《시민 케인》	L. 멀비 / 이형식	근간
3101 《제7의 봉인》 비평연구	E. 그랑조르주 / 이은민	근간
3102 《쥘과 짐》 비평연구	C. 르 베르 / 이은민	근간

【기 타】

▨ 모드의 체계	R. 바르트 / 이화여대기호학연구소	18,000원
▨ 라신에 관하여	R. 바르트 / 남수인	10,000원
▨ 說 苑 (上·下)	林東錫 譯註	각권 30,000원
▨ 晏子春秋	林東錫 譯註	30,000원
▨ 西京雜記	林東錫 譯註	20,000원
▨ 搜神記 (上·下)	林東錫 譯註	각권 30,000원
■ 경제적 공포[메디치賞 수상작]	V. 포레스테 / 김주경	7,000원
■ 古陶文字徵	高 明·葛英會	20,000원
■ 고독하지 않은 홀로되기	P. 들레름·M. 들레름 / 박정오	8,000원
■ 그리하여 어느날 사랑이여	이외수 편	4,000원
■ 딸에게 들려 주는 작은 지혜	N. 레흐레이트너 / 양영란	6,500원
■ 노력을 대신하는 것은 없다	R. 쉬이 / 유혜련	5,000원
■ 노블레스 오블리주	현택수 사회비평집	7,500원
■ 미래를 원한다	J. D. 로스네 / 문 선·김덕희	8,500원
■ 사랑의 존재	한용운	3,000원
■ 산이 높으면 마땅히 우러러볼 일이다	유 향 / 임동석	5,000원
■ 서기 1000년과 서기 2000년 그 두려움의 흔적들	J. 뒤비 / 양영란	8,000원
■ 서비스는 유행을 타지 않는다	B. 바게트 / 정소영	5,000원
■ 선종이야기	홍 희 편저	8,000원
■ 섬으로 흐르는 역사	김영회	10,000원
■ 세계사상	창간호~3호: 각권 10,000원 / 4호: 14,000원	
■ 십이속상도안집	편집부	8,000원
■ 얀 이야기 ① 얀과 카와카마스	마치다 준 / 김은진·한인숙	8,000원
■ 어린이 수묵화의 첫걸음(전6권)	趙 陽 / 편집부	각권 5,000원
■ 오늘 다 못다한 말은	이외수 편	7,000원
■ 오블라디 오블라다, 인생은 브래지어 위를 흐른다	무라카미 하루키 / 김난주	7,000원
■ 이젠 다시 유혹하지 않으련다	P. 쌍소 / 서민원	9,000원
■ 인생은 앞유리를 통해서 보라	B. 바게트 / 박해순	5,000원
■ 자기를 다스리는 지혜	한인숙 편저	10,000원
■ 천연기념물이 된 바보	최병식	7,800원
■ 原本 武藝圖譜通志	正祖 命撰	60,000원

東文選 現代新書 109

도덕에 관한 에세이

크리스티앙 로슈 外
고수현 옮김

  전쟁, 학살, 시체더미들, 멈출 줄 모르는 인간 사냥, 이보다 더 끔찍한 것은 살인자들이 살인을 자행하면서 느끼는 불온한 쾌감, 희생자가 겪는 고통 앞에서 느끼는 황홀감이다. 인간은 처벌의 공포만 사라지면 악행에서 쾌락을 얻는다.

  공민 교육이라는 구실하에 학교에서 도덕을 가르치는 것에 대해 찬성해야 할까, 반대해야 할까?

  도덕은 가르칠 수 있는 것일까? 도덕은 무엇을 근거로 세워진 것인가? 도덕의 가치를 어떻게 정의내릴 수 있을까?

  세계화라는 강요된 대세에 눌린 우리 시대, 냉혹한 자유 경제 논리에 가정이 짓밟히는 듯한 느낌이 점점 고조되는 이때에 다시금 도덕적 데카당스를 비난하는 목소리가 높아지고 있다. 물론 여기에는 파시스트적인 질서를 바라는 의심스러운 분노도 뒤섞여 있다. 또한 다른 사람들에 대한 온화한 존경심에서 우러온 예의 범절이라는 규범적인 이상을 꿈꾸면서 금기와 도덕 규범으로 되돌아갈 것을 요구하는 사람도 있고, 교훈적인 도덕의 이름을 내세우며 강경한 억압책에 호소하는 사람들도 있다.

  하지만 어떻게 억지로, 혹은 도덕 강의로 도덕적 위기에 의해 붕괴되어 가는 가정 속에서 잘못된 삶을 사는 청소년들을 '일으켜 세울' 수 있다고 생각할 수 있는가? 도덕이라는 현대적 변명은 그 되풀이되는 시도 및 협정과 더불어, 단순히 담론적인 덕을 통해 사회 문제를 해결하지 못하는 모종의 무능력함을 몰아내고자 하는 것은 아닐까?

東文選 現代新書 9

텔레비전에 대하여

피에르 부르디외

현택수 옮김

  텔레비전으로 방송된 이 두 개의 콜레주 드 프랑스에서의 강의는 명쾌하고 종합적인 형태로 텔레비전 분석을 소개하고 있다. 첫번째 강의는 텔레비전이라는 작은 화면에 가해지는 보이지 않는 검열의 메커니즘을 보여 주고, 텔레비전의 영상과 담론의 인위적 구조를 만드는 비밀들을 보여 주고 있다. 두번째 강의는 저널리즘계의 영상과 담론을 지배하고 있는 텔레비전이 어떻게 서로 다른 영역인 예술·문학·철학·정치·과학의 기능을 깊게 변화시키는지를 설명하고 있다. 이러한 현상은 시청률의 논리를 도입하여 상업성과 대중 선동적 여론의 요구에 복종한 결과이다.

  이 책은 프랑스에서 출판되자마자 논쟁거리가 되면서, 1년도 채 안 되어 10만 부 이상 팔려 나가 베스트셀러 리스트에 오르고, 세계 각국에서 번역되어 읽혀지고 있는 피에르 부르디외의 최근 대표작 중 하나이다. 인문사회과학 서적으로서 보기 드문 이같은 성공은, 프랑스 및 세계 주요국의 지적 풍토를 말해 주고 있다. 이처럼 이 책이 독자 대중의 폭발적인 반응과 기자 및 지식인들의 지속적인 반향을 불러일으키는 이유는, 세계적으로 잘 알려진 그의 학자적·사회적 명성 때문이기도 하지만 무엇보다도 언론계 기자·지식인·교양 대중들 모두가 관심을 가질 만한 논쟁적인 내용을 담고 있기 때문이다.

東文選 現代新書 109

도덕에 관한 에세이

크리스티앙 로슈 外

고수현 옮김

 전쟁, 학살, 시체더미들, 멈출 줄 모르는 인간 사냥, 이보다 더 끔찍한 것은 살인자들이 살인을 자행하면서 느끼는 불온한 쾌감, 희생자가 겪는 고통 앞에서 느끼는 황홀감이다. 인간은 처벌의 공포만 사라지면 악행에서 쾌락을 얻는다.

 공민 교육이라는 구실하에 학교에서 도덕을 가르치는 것에 대해 찬성해야 할까, 반대해야 할까?

 도덕은 가르칠 수 있는 것일까? 도덕은 무엇을 근거로 세워진 것인가? 도덕의 가치를 어떻게 정의내릴 수 있을까?

 세계화라는 강요된 대세에 눌린 우리 시대, 냉혹한 자유 경제 논리에 가정이 짓밟히는 듯한 느낌이 점점 고조되는 이때에 다시금 도덕적 데카당스를 비난하는 목소리가 높아지고 있다. 물론 여기에는 파시스트적인 질서를 바라는 의심스러운 분노도 뒤섞여 있다. 또한 다른 사람들에 대한 온화한 존경심에서 우러온 예의 범절이라는 규범적인 이상을 꿈꾸면서 금기와 도덕 규범으로 되돌아갈 것을 요구하는 사람도 있고, 교훈적인 도덕의 이름을 내세우며 강경한 억압책에 호소하는 사람들도 있다.

 하지만 어떻게 억지로, 혹은 도덕 강의로 도덕적 위기에 의해 붕괴되어 가는 가정 속에서 잘못된 삶을 사는 청소년들을 ‘일으켜 세울’ 수 있다고 생각할 수 있는가? 도덕이라는 현대적 변명은 그 되풀이되는 시도 및 협정과 더불어, 단순히 담론적인 덕을 통해 사회 문제를 해결하지 못하는 모종의 무능력함을 몰아내고자 하는 것은 아닐까?

東文選 現代新書 9

텔레비전에 대하여

피에르 부르디외

현택수 옮김

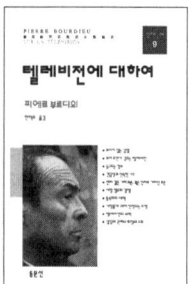

  텔레비전으로 방송된 이 두 개의 콜레주 드 프랑스에서의 강의는 명쾌하고 종합적인 형태로 텔레비전 분석을 소개하고 있다. 첫번째 강의는 텔레비전이라는 작은 화면에 가해지는 보이지 않는 검열의 메커니즘을 보여 주고, 텔레비전의 영상과 담론의 인위적 구조를 만드는 비밀들을 보여 주고 있다. 두번째 강의는 저널리즘계의 영상과 담론을 지배하고 있는 텔레비전이 어떻게 서로 다른 영역인 예술·문학·철학·정치·과학의 기능을 깊게 변화시키는지를 설명하고 있다. 이러한 현상은 시청률의 논리를 도입하여 상업성과 대중 선동적 여론의 요구에 복종한 결과이다.

  이 책은 프랑스에서 출판되자마자 논쟁거리가 되면서, 1년도 채 안 되어 10만 부 이상 팔려 나가 베스트셀러 리스트에 오르고, 세계 각국에서 번역되어 읽혀지고 있는 피에르 부르디외의 최근 대표작 중 하나이다. 인문사회과학 서적으로서 보기 드문 이같은 성공은, 프랑스 및 세계 주요국의 지적 풍토를 말해 주고 있다. 이처럼 이 책이 독자 대중의 폭발적인 반응과 기자 및 지식인들의 지속적인 반향을 불러일으키는 이유는, 세계적으로 잘 알려진 그의 학자적·사회적 명성 때문이기도 하지만 무엇보다도 언론계 기자·지식인·교양 대중들 모두가 관심을 가질 만한 논쟁적인 내용을 담고 있기 때문이다.

東文選 現代新書 3

사유의 패배

알랭 핑켈크로트
주태환 옮김

문화 속에서 우리는 거북스러움을 느낀다. 왜냐하면 문화란, 사유(思惟)하면서 살아가는 일이기 때문이다. 그리고 오늘날 사유가 아무런 역할도 하지 못하는 제반행위를 흔히 문화적인 것으로 규정해 버리는 조류가 확인되고 있다. 정신의 위대한 창조에 필수적인 동작들, 이 모두가 이렇게 문화적인 것으로 잘못 여겨지고 있다. 무슨 이유로 소비와 광고, 혹은 역사 속에 뿌리박은 모든 자동성이 가져다 주는 달콤함을 탐닉하기보다는 참된 문화를 선택해야 하는 것일까?

87,88년 프랑스 최고의 베스트셀러로서 프랑스 지성계에 커다란 파문을 일으킨 본서는, 오늘날 프랑스 대중들에게 가장 영향력 있는 철학자 중의 한 사람인 핑켈크로트의 대표작이다. 그는 현재 많은 저작과 방송매체를 통해 사회문제에 관해 적극적인 발언을 펼치고 있다.

그는 오늘날의 거대한 야망이 문화를 손아귀에 움켜쥐고 있다고 결론짓고, 문화라는 거창한 이름 아래 소아병적 증상과 더불어 비관용적 분위기가 확대되어 왔으며, 이제는 기술시대가 낳은 레저산업이 인간 정신이 이루어 놓은 문화적 유산을 싸구려 유희거리로 전락시키고 있으며, 그리하여 정신이 주도하던 인간 삶은 마침내 집단의 배타적 가치에 광분하는 인간과 흐느적거리는 무골인간, 이 둘 사이의 무시무시하고도 우스꽝스런 만남에 자기 자리를 내주고 있다고 통박하고 있다.

그는 본서를 통해 정신적 의미가 구체적 역사 속에서 부상하고 함몰하는 과정을 그려내면서, 우리가 어떻게 해서 여기에까지 도달하게 되었는지를 일관된 논리로 비판하고 있다.

東文選 現代新書 1

21세기를 위한 새로운 엘리트

FORSEEN 연구소 (프)
김경현 옮김

우리 사회의 미래를 누르고 있는 경제적·사회적 그리고 도덕적 불확실성과 격변하는 세계에서 새로운 지표들을 찾는 어려움은 엘리트들의 역할과 책임에 대한 재고를 요구한다.

엘리트의 쇄신은 불가피하다. 미래의 지도자들은 어떠한 모습을 갖게 될 것인가? 그들은 어떠한 조건하의 위기 속에서 흔들린 그들의 신뢰도를 다시금 회복할 수 있을 것인가? 기업의 경영을 위해 어떠한 변화를 기대해야 할 것인가? 미래의 결정자들을 위해서 어떠한 교육이 필요한가? 다가오는 시대의 의사결정자들에게 필요한 자질들은 어떠한 것들일까?

이 한 권의 연구보고서는 21세기를 이끌어 나갈 엘리트들에 대한 기대와 조건분석을 시도하고 있으며, 구체적으로 그들이 담당할 역할과 반드시 갖추어야 될 미래에 대한 비전을 제시하고 있다.

본서는 프랑스의 세계적인 커뮤니케이션 그룹인 아바스 그룹 산하의 포르셍 연구소에서 펴낸 《미래에 대한 예측총서》 중의 하나이다. 63개국에 걸친 연구원들의 활동을 바탕으로 세계적인 차원에서 우리 사회를 변화시키게 될 여러 가지 추세들을 깊숙이 파악하고 있다.

사회학적 추세를 연구하는 포르셍 연구소의 이번 연구는 단순히 미래를 예측하는 데에 그치는 것이 아니라, 미래를 준비하는 자들로 하여금 보충적인 성찰의 요소들을 비롯해서, 그들을 에워싸고 있는 세계에 대한 보다 넓은 이해를 지닌 상태에서 행동하고 앞날을 맞이하게끔 하기 위해서 이 관찰을 활용하자는 것이다.

東文選 現代新書 14

사랑의 지혜

알랭 핑켈크로트
권유현 옮김

　수많은 말들 중에서 주는 행위와 받는 행위, 자비와 탐욕, 자선과 소유욕을 동시에 의미하는 낱말이 하나 있다. 사랑이라는 말이다. 그러나 누가 아직도 무사무욕을 믿고 있는가? 누가 무상의 행위를 진짜로 존재한다고 생각하는가? '근대'의 동이 터오면서부터 도덕을 논하는 모든 계파들은 어느것을 막론하고 무상은 탐욕에서, 또 숭고한 행위는 획득하고 싶은 욕망에서 유래한다는 설명을 하고 있다.

　이 책에서 묘사하는 사랑의 이야기는 타자와 나 사이의 불공평에서 출발한다. 즉 사랑이란 타자가 언제나 나보다 우위에 놓이는 것이며, 끊임없이 나에게서 도망가는 타자로부터 나는 도망가지 못하는 것이다. 그리고 사랑의 지혜란 이 알 수 없고 환원되지 않는 타자의 얼굴에 다가가기 위해 애쓰는 것이다. 저자는 이 책에서 남녀간의 사랑의 감정에서 출발하여 타자의 존재론적인 문제로, 이어서 근대사의 비극으로 그의 철학적 성찰을 이끌어 가기 때문이다. 그러나 우리가 이웃에 대한 사랑을 이상적인 영역으로 내쫓는다고 해서, 현실을 더 잘 생각한다는 법은 없다. 오히려 우리는 타인과의 원초적 관계를 이해하기 위해서, 또 그것에서 출발하여 사랑의 감정뿐 아니라 다른 사람에 대한 미움의 감정까지도 이해하기 위해서, 유행에 뒤진 이 개념, 소유의 이야기와는 또 다른 이야기를 필요로 할 수 있다.

　알랭 핑켈크로트는 엠마뉴엘 레비나스의 작품에 영향을 받아서 근대가 겪은 엄청난 집단 체험과 각 개인이 살아가면서 맺는 '타자'와의 관계에 대해서 계속해서 질문을 던진다. 이것은 철학임에 틀림없다. 그렇기는 하지만 구체적인 인물에 의해 이야기로 꾸민 철학이다. 이 책은 인간에 대한 인식의 수단으로 플로베르·제임스, 특히 프루스트를 다루며, 이들의 현존하는 문학작품에 의해 철학을 이야기로 꾸며 나간다.

東文選 現代新書 18

청소년을 위한 철학교실

알베르 자카르

장혜영 옮김

"무엇을 질문하고 어떻게 대답할 것인가?"

철학은 끊임없는 질문과 답변 가운데에 있다. 질문은 진리에 대한 탐색이요, 답변은 존재와 세계에 대한 해석이다. 우리는 철학을 통해 존재의 근원에 이른다. 이 책은 프랑스 알비의 라스콜 고등학교 철학교사인 위게트 플라네스와 철학자 알베르 자카르 사이의 철학 대담으로 철학적 질문과 답변의 과정을 명쾌히 보여 준다.

이 책에는 타인·우애·정의 등 30개의 항목에 대한 철학자의 통찰이 간결하게 살아 있다. 철학교사가 사르트르의 유명한 구절, 즉 "지옥, 그것은 바로 타인이다"에 대해 반박을 요청하자, 저자는 그 인물이 천국에 들어갔다면 그는 틀림없이 "천국, 그것은 바로 타인이다"라고 이야기했을 것이라고 답한다. 결국 타인들은 우리의 지옥이 아니며, 그들이 우리와의 관계를 받아들이려 하지 않을 때 지옥을 만들어 낸다고 말한다.

그렇다면 행복에 대해 이 철학자는 어떻게 답할까? "나에게 행복이란 타인들의 시선 안에서 스스로를 아름답다고 느끼는 것입니다"는 것이 그의 답변이다. 이 책은 막연한 것들에 대해 명징한 질문과 성찰로 우리가 새로운 질문을 던지고, 스스로 그 답을 찾을 수 있는 실마리를 제공한다.

東文選 現代新書 129

번영의 비참
— 종교화한 시장 경제와 그 적들

파스칼 브뤼크네르 / 이창실 옮김

'2002 프랑스 BOOK OF ECONOMY賞' 수상
'2002 유러피언 BOOK OF ECONOMY賞' 특별수훈

번영의 한가운데서 더 큰 비참이 확산되고 있다면 세계화의 혜택은 무엇이란 말인가?

모든 종교와 이데올로기가 붕괴되는 와중에 그래도 버티는 게 있다면 그건 경제다. 경제는 이제 무미건조한 과학이나 이성의 냉철한 활동이기를 그치고, 발전된 세계의 마지막 영성이 되었다. 이 준엄한 종교성은 이렇다 할 고양된 감정은 없어도 제의(祭儀)에 가까운 열정을 과시한다.

이 신화로부터 새로운 반체제 운동들이 사람들의 마음을 사로잡는다. 시장의 불공평을 비난하는 이 운동들은 지상의 모든 혼란의 원인이 시장에 있다고 본다. 그러나 실상은 그렇게 하면서 시장을 계속 역사의 원동력으로 삼게 된다. 신자유주의자들이나 이들을 비방하는 자들 모두가 같은 신앙으로 결속되어 있는 만큼 그들은 한통속이라 할 수 있다.

그렇다면 우리가 벗어나야 하는 것은 자본주의가 아니라 경제만능주의이다. 사회 전체를 지배하려 드는 경제의 원칙, 우리를 근면한 햄스터로 실추시켜 단순히 생산자·소비자 혹은 주주라는 역할에 가두어두는 이 원칙을 너나없이 떠받드는 상황에서 벗어나야 한다. 일체의 시장 경제 행위를 원위치에 되돌려 놓고 시장 경제가 아닌 자리를 되찾아야 한다. 이것은 우리 삶의 의미와도 직결되는 문제이기 때문이다.

파스칼 브뤼크네르: 1948년생으로 오늘날 프랑스에서 가장 영향력 있는 에세이스트이자 소설가이기도 하다. 그는 매 2년마다 소설과 에세이를 번갈아 가며 발표하고 있다. 주요 저서로는 《순진함의 유혹》(1995 메디치상), 《아름다움을 훔친 자들》(1997 르노도상), 《영원한 황홀》 등이 있으며, 1999년에는 프랑스에서 가장 많이 팔린 작가로 뽑히기도 하였다.

東文選 現代新書 108

딸에게 들려 주는 작은 철학

롤란트 시몬 셰퍼
안상원 옮김

★독일 청소년 저작상 수상(97)
★청소년을 위한 좋은 책(99, 한국간행물윤리위원회)

작은 철학이 큰사람을 만든다. 아이들과 철학을 이야기하는 것이 요즘 유행처럼 되었다. 아이들에게 철학을 감추지 않는 것, 그것은 분명히 옳은 일이다. 세계에 대한 어른들의 질문이나 아이들의 질문들은 종종 큰 차이가 없으며, 철학은 여기에 답을 줄 수 있다. 이 작은 책은 신중하고 재미있게, 그러면서도 주도면밀하게 철학의 질문들에 대답해 준다.

이 책의 저자 시몬 셰퍼 교수는 독일의 원로 철학자이다. 그가 원숙한 나이에 철학에 대한 깊은 이해를 가지고 자신의 딸이거나 손녀로 가정되고 있는 베레니케에게 대화하듯 철학 이야기를 들려 주고 있다. 만약 그 어려운 수수께끼를 설명한다면 어떻게 할 것인가를 모형적으로 제시하고 있다.

철학은 우리의 구체적인 삶과 멀리 떨어져 있는 삶이 아니다. 우리가 사용하고 있는 말이란 무엇이며, 안다는 것은 무엇인가. 세계와 자연, 사회와 도덕적 질서, 신과 인간의 의미는 무엇인가 등 철학적 사유의 본질적 테마들로 모두 아홉 개의 장으로 나누어 이야기하고 있다. 쉽게 서술되었지만 내용은 무게를 가지고 있어서 중·고등학생뿐만 아니라 대학생과 성인들에게 철학에 대한 평이한 길라잡이가 될 것이다.